EGOCULTURAS PROACTIVAS Y REACTIVAS EN LOS ANDES

Ricardo L Sabogal

EGOCULTURAS

PROACTIVAS

Y

REACTIVAS

EN LOS

ANDES

Ricardo L Sabogal

Sociedad Peruana de Antropología Visual
Universidad Nacional de Trujillo-CEPRODE
Universidad Nacional de San Antonio Abad del
Cusco

"Egoculturas Proactivas y Reactivas en los Andes"

UNIVERSIDAD NACIONAL DE TRUJILLO

CENTRO DE PROMOCION Y DESARROLLO

CEPRODE

UNIVERSIDAD NACIONAL DE SAN ANTONIO ABAD DEL CUSCO

SOCIEDAD PERUANA DE ANTROPOLOGIA VISUAL, SPAV

ISBN-13: 978-1461116264

ISBN-10: 1461116260

BISAC: Social Science / Anthropology / Cultural

COVER: PAINTING BY RICARDO L SABOGAL

Designed by Ricardo L Sabogal

Printed in the United States of America

Dedicado con cariño a mis amigos de Tambomachay
quienes me enseñaron que la antropología no es
sólo conocimiento sino también sentimiento.

Acerca del Autor

Ricardo L Sabogal es antropólogo peruano, profesor de Ciencias Sociales e idiomas y fundador de la *"Sociedad Peruana de Antropología Visual"*. Sabogal ha realizado investigaciones en Verona y Perugia en Italia; Tambomachay, el Amazonas y Huanchaco en Perú; Texas, New York, New Jersey, Philadelphia, Delaware y Florida en los Estados Unidos de América.

Libros del autor son *Lagartos' Club; The No Theory of the Citizens; Proactivity and Reactivity in the Andes and Amazonia; Paleoaxiology: The Resurrection of Dormant Values; Egoculture: Anthropology of the Individual; Forgiving the Gods; Tup the Fisher; Live and Die in Tambomachay; The Spanish Teacher; The Romantic Latin Piano Guitar Man; The Insurrectionist Anthropologist; Magnanimous; The Wrong Tourist; The Peruvians; History's Original Natural Born Surfers; A Primitive Anthropologist in the USA; The Illegal Anthropologist; An Essential Manual of the Anthropologist's Fieldwork in Peru;* and *Privileged People without Pockets*.

CONTENIDO

INTRODUCCIÓN

Después de treinta y seis meses de haber vivido en la Comunidad Campesina de Tambomachay del distrito del Cusco estoy convencido de que el primordial propósito de la antropología es lograr el bienestar de las personas, y si bien su objeto de estudio es la cultura, ésta es únicamente un medio para llegar a intimidar con la esencia de lo que realmente significa el ser humano porque sólo comprendiendo quiénes somos podremos ser mejores personas.

El presente estudio se ha realizado para obtener el grado académico de Bachiller en Antropología en la Universidad Nacional de San Antonio Abad del Cusco. Está motivado por el testimonio de sentir cómo los comuneros, a pesar de las condiciones económicas, sociales, políticas y medioambientales adversas, luchan por un mundo mejor en donde vivir. Ahora vislumbro que ellos utilizan a plenitud sus capacidades para sobrevivir dentro de un estado que le es ajeno, capacidades escasas debido a que sus derechos sociales de educación y salud son violados constantemente por quienes usurpan el poder político.

Mi investigación consiste en describir e interpretar las maneras individuales de vivir juntos de los ´artesanos´ de Tambomachay, es decir sus 'egoculturas' tanto proactivas (basadas en decisiones, iniciativas y responsabilidades) como reactivas (basadas en condiciones sociales y medioambientales) y relacionándolas con sus desarrollos humanos individuales (relativos entre ellos por supuesto). Es pertinente señalar que los ´artesanos´ son igualmente los productores y/o los comerciantes tal como ellos mismos se autodenominan. Además, preciso que sólo he observado las maneras de vivir relacionadas con las actividades artesanales y cómo este proceso en particular influye en sus desarrollos humanos.

En el primer capítulo expongo el contexto en el cual se encuentran los comuneros de Tambomachay durante el año 2001, el marco teórico, mi problema de estudio, las preguntas generales, mis hipótesis y la metodología. En el segundo capítulo describo los resultados de los datos obtenidos en el trabajo de campo, ilustro con tres estudios de caso mi investigación y ofrezco mis conclusiones parciales relacionadas con esta parte del trabajo. En el tercer capítulo transmito mi análisis e interpretación de los datos frente al problema de estudio, mis preguntas e hipótesis. Finalmente lanzo mis conclusiones.

Agradezco a mis maestros, amigos y compañeros de la escuela de antropología por haberme brindado su apoyo y comprensión. A mi asesor, el antropólogo Marco Villasante Llerena, gracias por su aliento y sus consejos. Y muchísimas gracias a todos y cada uno de mis vecinos y amigos de la comunidad de Tambomachay quienes me ofrecieron su sincera hospitalidad.

Capítulo I

CONTEXTO CULTURAL, ESPACIAL Y TEMPORAL

La denominación legal de la comunidad que constituye la unidad de análisis del estudio es "Comunidad Campesina de Tambomachay – Pucara_- Queser Grande del Distrito, Provincia y Departamento del Cusco" Fue reconocida como Comunidad Campesina el 13 de febrero de 1987 por la resolución R.D. N° 0051-87-DRA-XX. Su población actual en el año 2001 es de aproximadamente 108 habitantes.

Por la carretera que traspasa Cristo Blanco, Villa San Blas y Huayllarccocha y que conduce hacia Corao y Pisaq, se llega a la comunidad ubicada a once kilómetros de la ciudad del Cusco. Tambomachay, Pucara y Queser Grande conforman tres caseríos delimitados especialmente, siendo estos dos últimos anexos. El poblado de Tambomachay se encuentra en una ladera dentro del Parque Arqueológico de Saqsaywamán, entre los sitios arqueológicos de Puca Pucara y Tambomachay, a unos 200 metros de la mencionada carretera y a unos 3,750 m.s.n.m. La temperatura es un poco menor que la de la ciudad del Cusco con heladas moderadas desde mayo a junio y precipitaciones pluviales regulares entre enero y marzo.

Tambomachay, antes de la reforma agraria, era parte de una hacienda propiedad del señor Mendoza, puneño, déspota y explotador, según dicen, quién vivía aquí con su familia. Este señor traía mano de obra de Puno por lo que los comuneros mayores son de origen puneño. Don Bernardino, el mayor comunero, rememora: *´...Después Tambomachay fue parte de una cooperativa junto con Huayllarqocha, Salcantay, Yuncaypata...Teníamos que llevar la producción a Sacsayhuamán, allí quedaba la oficina principal de la cooperativa. Después fue un grupo de agricultores cuando ya no había cooperativa...y cada comunidad se separó...nos quedamos sólo cinco de Puno aquí...había pocas casitas...sólo don Bernardino, don Manuel, don Fidel...poquitos éramos. Después llegaron los yernos y yernas de otros lugares y fue creciendo Tambomachay...nuestros hijos se casaron, tuvieron familia...así creció...venían los yernos de Chinchero, de Pisaq. En 1987 nos organizamos para hacerlo comunidad, todos se empadronaron, hasta los niños firmaban chibolitos, porque necesitaban* *cincuenta para ser comunidad. La comunidad era con Qeser, pero ahora ellos quieren ser aparte...´*

Los pobladores de Tambomachay cultivan en sus pequeñas parcelas de menos de un cuarto de topo como promedio papas, ocas, lisas, cebadas y habas principalmente. La actividad pecuaria, medio de ahorro, se compone de escasas vacas, cerdos, ovejas y animales menores como gallinas, cuyes y patos. La gran mayoría no produce la totalidad de estos bienes y normalmente se dedica a alguno de ellos. La producción agropecuaria es insuficiente para el autoconsumo por lo que también deben adquirir sus alimentos en los mercados del Cusco. Por esta razón para poder reproducirse socialmente los varones con familia deben dedicarse a oficios manuales en la ciudad del Cusco siendo los trabajos desempeñados la albañilería y la construcción civil.

Los comuneros de mayor edad se lamentan de que en los últimos años las juntas directivas no trabajan con eficiencia, los jóvenes han perdido el respeto y no laboran con seriedad, las faenas comunales no se realizan plenamente y que las fiestas tradicionales han dejado de practicarse. Rememoran con nostalgia que en años anteriores existía una mejor organización comunal, el aniversario de la comunidad (13 de febrero) se celebraba con entusiasmo, en los carnavales se preparaba el ´puchero´ y se cantaba paseando por los linderos con alegría y regocijo. Pero ahora…*'el egoísmo y la falta de dinero hace difícil festejar como antes'*.

El nivel de educación es muy bajo, cerca de la mitad de los adultos mayores son analfabetos y la otra mitad sólo tiene primaria completa o incompleta. La mayoría de los jóvenes ha completado su primaria, la minoría no. Solamente una joven habitante de la comunidad asiste a la universidad. Recién en los inicios del siglo XXI los niños están disfrutando de una escolarización de acuerdo a sus edades. Las enfermedades son de carácter crónico y las más comunes para todos son bronquitis y resfríos, además de dolores de espalda y estómago en los adultos mayores. En los niños en particular son muy frecuentes la bronquitis, resfríos, diarreas y parásitos. Los jóvenes por su parte presentan resfríos y bronquitis. La asistencia a los servicios de salud es escasa y normalmente se automedican con alguna pastilla sintomática, pero más frecuente es el uso de hierbas medicinales. Por otro lado, las condiciones de vestido, abrigo y vivienda son de un nivel de protección bajo. La mayoría de los habitantes de la comunidad están subalimentados y sufren de desnutrición.

Gracias a la Asociación Alto Piano de Italia, los comuneros gozan de electricidad. Poseen agua entubada no potable y riego por aspersión. En la actualidad, año 2001, vienen ejecutando faenas comunales con el fin de construir su cementerio y su capilla católica. Desde hace algunos años las diferentes juntas directivas están gestionando un proyecto para la construcción de un desagüe, pero por desgracia las autoridades no les brindan el necesario apoyo. Los residentes se lamentan de que sus derechos humanos no son considerados dentro del presupuesto de la Municipalidad del Cusco, la cual ´...*sólo se interesa por las zonas populosas para las elecciones´*.

Es más, el Instituto Nacional de Cultura, INC, dificulta la ejecución de la obra de alcantarillado para el tratamiento de residuos líquidos. La razón que alega el INC es que la comunidad se sitúa dentro de una zona intangible, pero increíblemente, el INC ha construido servicios higiénicos para los turistas en la garita de control que se encuentra en el acceso al sitio arqueológico de Tambomachay. Dichos baños tienen su propio vertedero y desagüe que conducen los residuos sólidos hacia un silo subterráneo construido al lado de la carretera. Incluso durante la construcción del silo se descubrió un muro Inca por lo que los expertos del instituto decidieron paralizar la obra y volver a cavar otra fosa a unos metros de la evidencia arqueológica.

El problema jurídico es que la comunidad no puede gozar de sus derechos como comunidad que propugna la Ley de Comunidades Campesinas (Ley 24656) y la Constitución Política (Arts. 88 y 89) debido a que se encuentra dentro del Parque Nacional de Saqsaywamán, el cual está protegido por la Ley de Patrimonio N°24047. Las autoridades dan prioridad a las construcciones de piedra de los Incas en detrimento de los derechos humanos de los comuneros.

Los expertos arqueólogos, antropólogos y arquitectos del INC, para dar la puesta en valor al sitio arqueológico de Tambomachay han prohibido que las viviendas sean divisadas desde la zona que contiene las construcciones Incas donde transitan los turistas aduciendo que distorsionan el panorama paisajista y cultural. De igual modo la institución evita que los campesinos pasteen su ganado en los alrededores. Sin embargo los turistas ingresan al recinto arqueológico en ómnibuses creando un irónico congestionamiento vehicular y generando una contaminación acústica y ambiental por los gases y el ruido.

Gracias a la autorización del INC, y desde hace tres años, veintiún comuneros reunidos en la ´Asociación de Artesanos y Productores de los Ayllus del Inca´ pueden vender productos artesanales en el sitio arqueológico. Algunos son producidos por ellos, otros adquiridos a comerciantes de Pisaq o Cusco. No obstante el comercio artesanal en el sitio arqueológico data desde hace unos quince años atrás, efectuado por comerciantes de la ciudad del Cusco. En aquella época también un grupo de diez comuneros comerciaban allí, pero sólo dos permanecieron desde entonces, retirándose los demás por razones que falta precisar.

En la actualidad existen tres grupos asociados de comerciantes artesanos que comparten el sitio arqueológico para efectuar sus actividades comerciales: los de tallado en piedra y los de textiles por un lado, ambos asociaciones de citadinos; y los comuneros agrupados en la ´Asociación de los Ayllus del Inca´. En estos últimos meses se percibe cierto malestar e intranquilidad debido a rumores de reubicación de los comerciantes por parte del INC.

MARCO TEÓRICO

La Cultura

La Antropología estudia la cultura, es decir, la manera de vivir juntos de las sociedades. Existen numerosos conceptos de cultura y su definición en todos ellos es tan amplia que otorga cierto carácter holístico a la ciencia antropológica, pero que a la vez dificulta una necesaria precisión. Como una muestra representativa veamos algunos conceptos de cultura. Según Marvin Harris, en su obra *Theories of cultura in postmodern times* (Harris, 1999, pág. 19): *"una cultura es las maneras de vivir socialmente aprendida presente en las sociedades humanas y que abarca todos los aspectos de la vida social, incluido el pensamiento y el comportamiento"*, (*"a cultura is the socially learned ways of living found in human societies and that it embraces all aspects of social life, including both thought and behaviour"*). Para Clifford Geertz *"...la cultura denota un esquema históricamente transmitido de significaciones representadas en símbolos, un sistema de concepciones heredadas y expresadas en formas simbólicas por medios con los cuales los hombres comunican, perpetúan y desarrollan su conocimiento y sus actitudes frente a la vida";* (en <u>La interpretación de culturas,</u> C. Geertz, 1973, pág. 88). La definición clásica de Edward B. Tylor de 1871 enuncia *"...la cultura es ese todo complejo que incluye conocimiento, creencia, arte, moral, ley, costumbre y cualquier otra capacidad y hábitos adquirido por el hombre como miembro de la sociedad",* *("cultura is that complex whole which includes knowledge, belif, art, morals, law, custom and any other capabilities and habits acquired by man as a member of society");* (en <u>*Anthropology: a student guide to theory and method*</u>, Stanley Barret, 1996, pág. 8). Por su parte Alfred Kroeber concibe a la cultura como *"...el conjunto de reacciones motoras, hábitos, técnicas, ideas y valores, aprendidos y transmitidos- y el comportamiento que ellos inducen", ("the mass of learned and transmitted motor reactions, habits, techniques, ideas and values – and the behaviour they induce");* por su parte, la Comisión de Cultura y Desarrollo de la UNESCO, en su informe titulado <u>*Nuestra diversidad creativa*</u>, expresa: *"la Comisión ha decidido considerar la cultura como 'maneras de vivir juntos...'* (UNESCO, 1996, pág. 14.)

Para el presente estudio se ha adoptado el concepto de la Comisión de la UNESCO: cultura es *'las maneras de vivir juntos´*. Esta elección conceptual se justifica por la simplicidad de la definición y porque incluye las demás concepciones. Efectivamente las maneras de vivir juntos son aprendidas a través de la socialización e incluye implícitamente el pensamiento y el comportamiento (Harris), las significaciones simbólicas de conocimiento y actitudes frente a la vida (Geertz), las técnicas, los valores, las ideas (Kroeber), creencias, arte, moral, ley, costumbre y cualquier otra capacidad y hábitos adquirido por el hombre como miembro de la sociedad (Tylor).

La Egocultura

Discursear sobre la cultura como el modo de vida de una sociedad es razonar en abstracto. Podemos encontrar diversos textos de antropología, descripciones de culturas de diversas sociedades, definidas según la geografía, la economía o la tecnología: la cultura de los Pueblo, de los Forrajeros, de la ciudad del Cusco, de los Keros, de la clase alta, de los pastores. Es cierto que se puede abstraer el modo de vida general y común a todos los individuos integrantes de estas sociedades, y en consecuencia afirmar que los citadinos cusqueños, por ejemplo, celebran el Corpus Cristi cada año, posee algo de verdad hasta cierto nivel: el nivel general abstracto. Pero si escrutamos sobre el significado personal del Corpus en diferentes sujetos pertenecientes a la cultura cusqueña descubrimos que el Corpus representa diversas concepciones. Para alguno el Corpus significa trabajo, para otro representa un momento de diversión, habrá alguien quien no se interese por la fiesta, y encontraremos alguna otra persona que sí sienta realmente su fe. Para poder conocer la vivencia individual y concreta de la cultura es más preciso utilizar el concepto de egocultura.

El término egocultura, es decir, las maneras individuales de vivir juntos o la vivencia individual de la cultura ha sido elaborada por el autor de este estudio para delimitar y entender la cultura de cada individuo. No se ha encontrado textos sobre este concepto, sin embargo, los indicios de la existencia de la egocultura se los puede descubrir en las historias de vida las cuales nos informan sobre las maneras particulares de pensar y sentir la cultura.

Resumiendo, al considerar la **Cultura como las maneras de vivir juntos y la Egocultura como la vivencia individual de la cultura, completamos la definición de la egocultura: la Egocultura es las maneras individuales de vivir juntos.**

La Proactividad y la Reactividad

Los conceptos de proactividad y reactividad se los puede encontrar en algunos libros de gerencia. Estos conceptos han sido tomados aquí particularmente de la obra *Siete hábitos de la gente altamente efectiva* de Stephen Covey (1996. Págs. 87-92). Según él, la reactividad es el comportamiento basado en las condiciones medioambientales y sociales, en sentimientos y no en valores, en comportamientos y decisiones de otros. La idea básica es que estamos condicionados para responder de un modo particular a un estímulo concreto. Mientras que la proactividad es el comportamiento basado en la iniciativa, en la propia responsabilidad (habilidad para elegir la respuesta), es la conducta en función de las decisiones propias, no de las condiciones medioambientales y sociales, es la subordinación de los sentimientos a los valores y se tiene la iniciativa de que las cosas sucedan.

La teoría de Covey nos informa que la proactividad conduce hacia el éxito personal, mientras que la reactividad produce el fracaso. Esto se debe a que las condiciones sociales y medioambientales son adversas al ser humano, y los sentimientos, cambiantes y relativos, nos confunden y nos debilitan ante objetivos establecidos. Por el contrario, la responsabilidad, la iniciativa, las decisiones y los valores emergen siempre para lograr metas que nos benefician.

La explicación de Covey es comprensible, excepto cuando se trata de las influencias de las decisiones y comportamientos de otros, y de los valores y sentimientos. Efectivamente, en ciertos casos se puede dar que las influencias de otras personas, tales como amigos quienes nos desean el bien, causan que mejoremos nuestro bienestar. Por otro lado, existen muchos sentimientos positivos que nos impulsan a lograr nuestros objetivos; y por el contrario, se puede dar el caso que algunos valores negativos traigan como consecuencia nuestro fracaso.

Debido a estas consideraciones he limitado las significaciones de la proactividad y la reactividad excluyendo los sentimientos, valores, y los comportamientos y decisiones de otros, evitando así complicaciones. Por otro lado, en sus manifestaciones, he considerado ambos términos ya no sólo como comportamientos, sino ampliándolos como maneras de vivir juntos. De este modo, para el presente trabajo, la **Proactividad es las maneras de vivir juntos basada en la iniciativa, en la propia responsabilidad (habilidad para elegir la respuesta); es la manera de vivir en función de las decisiones propias, no de las condiciones medioambientales y sociales; y se tiene la iniciativa de que las cosas sucedan. Y la Reactividad, es las maneras de vivir juntos basada en las condiciones medioambientales y sociales; y la idea básica es que estamos condicionados para responder de un modo particular a un estímulo concreto.**

La Egocultura Proactiva y la Egocultura Reactiva

Después de explicar las categorías de cultura, egocultura, proactividad y reactividad, estamos en condiciones de definir las de egocultura proactiva y egocultura reactiva, realizando una coherente composición con los términos simples. Así, la **Egocultura Proactiva** es las maneras individuales de vivir juntos basada en la iniciativa, en la propia responsabilidad; es las maneras de vivir juntos en función de las decisiones propias, no de las condiciones sociales o medioambientales. Con el mismo artificio proposicional definimos la **Egocultura Reactiva** como las maneras individuales de vivir juntos basadas en las condiciones sociales y medioambientales.

Aclaro que las condiciones medioambientales es todo lo que rodea al ser humano: clima, temperatura, seres vivos, topografía y humedad. Las condiciones sociales aluden a la situación del individuo en la sociedad y los efectos de ésta sobre aquél; son las imposiciones y restricciones de la sociedad sobre el individuo e incluye factores como el mercado, estatus, rol, estructura social, tradiciones, costumbres, marginación, exclusión, ley, política, educación, socialización, instituciones, ciudadanía y derechos civiles.

El Desarrollo Humano Individual

El tema del Desarrollo Humano está tratado en numerosos textos sobre desarrollo, antropología aplicada, proyectos de desarrollo, bienestar y calidad de vida. En el *Informe Anual de Desarrollo Humano* del Programa de Naciones Unidas para el Desarrollo ubicado en Internet (Página web: http://www.undp.org/hdro), se nos comunica que el Desarrollo Humano es *"un proceso de ampliación de las ventajas, opciones, capacidades y oportunidades de que disponen las personas para que sean más productivas y tengan vidas más satisfactorias, logren mayor poder adquisitivo, nivel educacional, mejor satisfacción de necesidades y mejor salud, mayor crecimiento y libertad culturales"*.

Se puede deducir que existe un desarrollo humano individual que cada persona goza particularmente. También, relacionando causalmente el comportamiento de cada individuo con su desarrollo humano individual, podemos afirmar que existen relaciones entre la egocultura proactiva y la egocultura reactiva con el desarrollo humano individual. Una egocultura proactiva, en las personas independientes, antecede en el tiempo al desarrollo humano y es causa de éste porque el comportamiento basado en la iniciativa, en la propia responsabilidad, en decisiones propias y no en condiciones medioambientales y sociales, es condición para mejorar sus capacidades y bienestar. Sin iniciativa, ni decisión, ni responsabilidad, no es posible alcanzar metas gratificantes. Mientras que la egocultura reactiva, el comportamiento basado en las condiciones medioambientales y sociales, siempre restrictivas y limitantes, es negativo para dicho desarrollo humano porque obstaculiza y no se dirige hacia los propios objetivos, libertades y deseos.

Los artesanos productores son los que se dedican a la elaboración de artesanía en sus casas y los artesanos comerciantes son los dedicados a la venta de artesanía en el sitio arqueológico de Tambomachay. Aquéllos que **se dedican a la venta en el sitio arqueológico, los** *Artesanos comerciantes,* han formado una asociación. Muchos de estos **también elaboran artesanía en cerámica, tejidos y tallado en piedra, los cuales son definidos como** *Artesanos productores y comerciantes.* Otros **sólo producen artesanía en sus casas, los <u>Artesanos productores</u>, y lo venden a comerciantes.** En realidad, cada uno de ellos presenta tanto una egocultura proactiva como reactiva dirigidas hacia este negocio, y estos comportamientos están relacionados con sus desarrollos humanos individuales, impulsándolos el primero y limitándolos el segundo. Efectivamente, toda persona reacciona ante las condiciones sociales y medioambientales, y también toma decisiones, responsabilidades e iniciativas. En otras palabras, la reactividad y la proactividad en la misma persona es inevitable. Pero las personas que basan principalmente sus quehaceres artesanales en sus decisiones, responsabilidades e iniciativas son proactivas, mientras que las personas que los basan en las condiciones medioambientales y sociales, son reactivas.

Por todo lo anterior podemos concluir que los artesanos cuya egocultura se basa en la proactividad presentan egocultura proactiva, y que los artesanos cuya egocultura se basa en la reactividad presentan egocultura reactiva. Conocer las características y los niveles de la egocultura proactiva y reactiva en relación a la venta y/o elaboración de artesanía y sus consecuencias para el desarrollo humano individual es posible debido a que es evidente la existencia de dichos conceptos y es identificable la relación.

Sintetizando, las categorías básicas son:

Cultura: las maneras de vivir juntos.

Egocultura: las maneras individuales de vivir juntos (la vivencia individual de la cultura)

Proactividad: las maneras de vivir juntos basadas en la iniciativa (para que las cosas sucedan), en la propia responsabilidad (habilidad para elegir la respuesta) y en las decisiones propias (no de las condiciones medioambientales y sociales).

Reactividad: es las maneras de vivir juntos basadas en las condiciones medioambientales y sociales. Estamos condicionados para responder de un modo particular a un estímulo concreto.

Egocultura Proactiva: las maneras individuales de vivir juntos basadas en las propias decisiones, responsabilidades e iniciativas.

Egocultura Reactiva: las maneras individuales de vivir juntos basadas en las condiciones sociales y medioambientales.

Desarrollo Humano Individual: proceso de ampliación de las ventajas, opciones, capacidades y oportunidades de que disponen las personas para que sean más productivas y tengan vidas más satisfactorias, logren mayor poder adquisitivo, nivel educacional, mejor satisfacción de necesidades y mejor salud, mayor crecimiento y libertad culturales.

Artesano comerciante: dedicado sólo a vender artesanía sin elaborarla y comprada a los mayoristas.

Artesano comerciante y productor: dedicado a vender artesanía sin elaborarla y comprada a los mayoristas y a producir artesanía en pequeña cantidad también para la venta.

Artesano productor: dedicado sólo a elaborar artesanía en su taller y la cual vende a artesanos comerciantes.

Especificando, los conceptos básicos son:
Artesano comerciante de Tambomachay con egocultura proactiva,

Artesano comerciante y productor de Tambomachay con egocultura proactiva,

Artesano productor de Tambomachay con egocultura proactiva,

Artesano comerciante de Tambomachay con egocultura reactiva,

Artesano comerciante y productor de Tambomachay con egocultura reactiva,

Artesano productor de Tambomachay con egocultura reactiva,

Desarrollos Humanos Individuales de cada uno de ellos.

Un ejemplo para el marco teórico.

Como ilustración de mi marco teórico, he aquí un ejemplo basado en un caso real. Un comunero artesano venera a la madre tierra, la pachamama, tal como lo hace la cultura de la sociedad andina. Esta consideración suya nace de su endoculturación y lo ha aprendido mediante su socialización. Es parte de la *cultura* a la cual pertenece: la *cultura andina.* Si analizamos con mayor profundidad a nuestro comunero artesano, su devoción a la madre tierra posee características individuales: sus sentimientos, creencias y actitudes son sólo de él. A veces vez él culpa a la pachamama por la desgracia de un familiar, entonces concibe que la madre tierra es autora de su desasosiego. Así, su respeto hacia ella se basa sólo en temor, mientras que otros comuneros, agradecidos por una buena cosecha, la sienten como una bendición. En consecuencia, la vivencia de la cultura andina de nuestro comunero artesano es diferente que la de los comuneros agricultores: él tiene su propia *egocultura.*

En días frígidos o cuando no hay clientes (condiciones medioambientales y sociales), nuestro artesano no tiene deseos de vender y permanece en casa. Entonces pierde la oportunidad de tener ingresos económicos para participar en la parrillada de una comunidad vecina (libertad cultural y desarrollo humano). Por el contrario, su primo, también artesano comerciante, cuando no hay clientes se va al Cusco a buscarlos, y en días de frío, se va a vender abrigándose mejor. Gracias a su responsabilidad y decisión, él sí puede ir a la parrillada. *El primero presenta una egocultura reactiva que limita su desarrollo humano, el segundo presenta una egocultura proactiva que impulsa su desarrollo humano.*

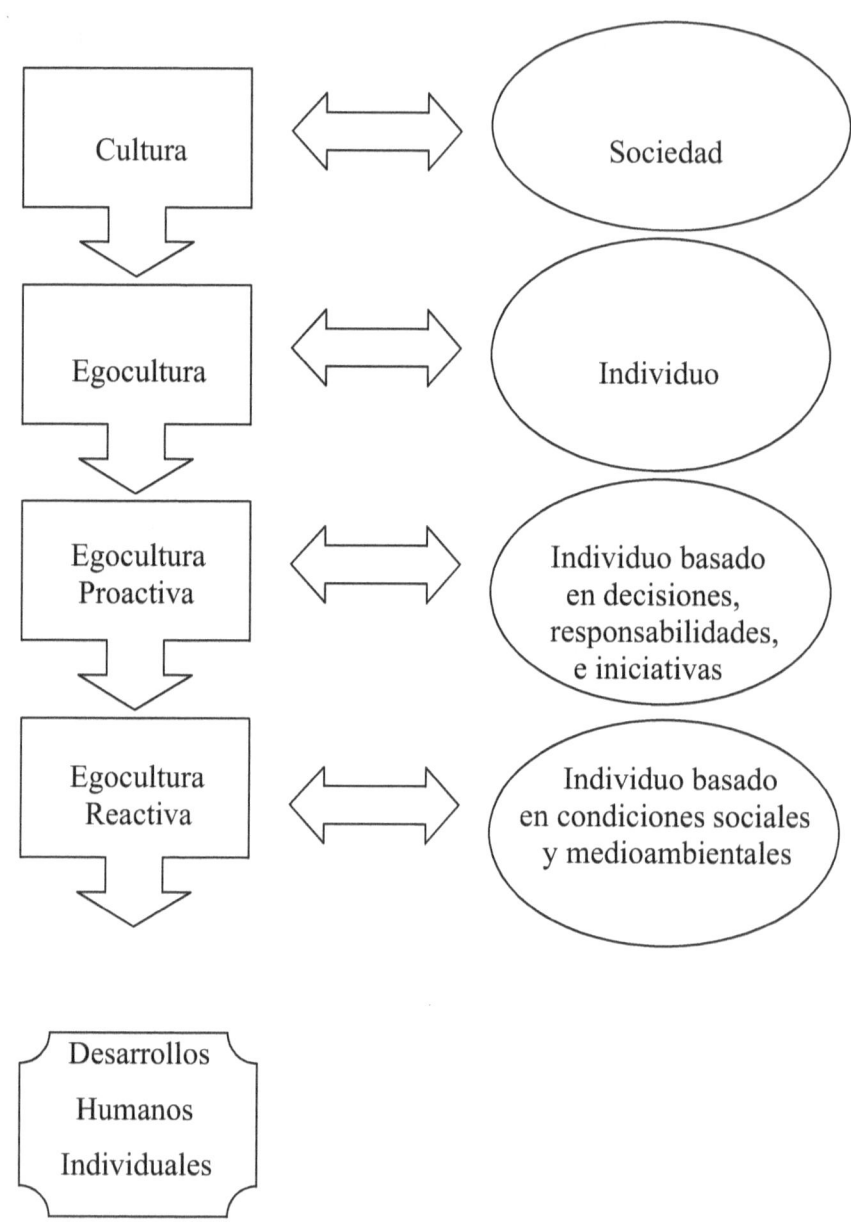

Diagrama A: Este diagrama de elaboración propia esquematiza el marco teórico del presente estudio. En un nivel general, la cultura se refiere a una sociedad (las maneras de vivir juntos).

En un nivel particular, la del individuo, éste vive la cultura de un modo individual expresando su egocultura (las maneras individuales de vivir juntos). Bajando aún de nivel, existen personas con maneras individuales de vivir juntos o egoculturas basadas en sus iniciativas, responsabilidades y sus decisiones: egocultura proactiva; y existen otras personas cuyas egoculturas se basan en las condiciones sociales y medioambientales: egocultura reactiva. Obviamente todas estas maneras de vivir juntos van a afectar a sus desarrollos humanos individuales. Lo que interesa aquí son sólamente las egoculturas proactivas y reactivas y sus consecuencias en el desarrollo humano individual.

PROBLEMA OBJETO DE ESTUDIO

Sobre la base del marco teórico y en forma específica, **el Problema Objeto de Estudio es: ¿Cuáles son las características y los niveles de Egocultura Proactiva y Egocultura Reactiva que se presentan en cada uno de los Comuneros Artesanos estudiados de la Comunidad de Tambomachay Pucara relacionados con la elaboración y/o venta de artesanía y cuáles son las consecuencias para sus Desarrollos Humanos Individuales?**

Variables independientes   Variable dependiente

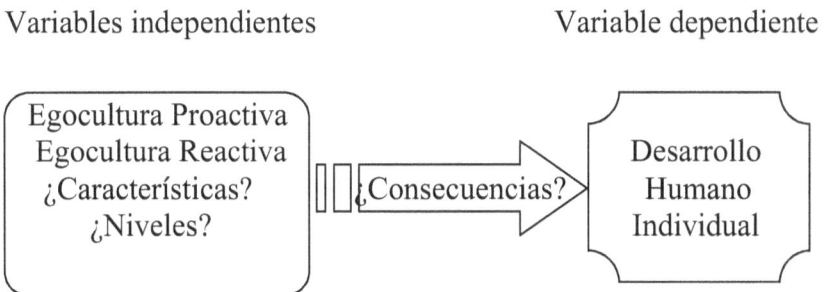

Diagrama B: Aquí podemos visualizar el problema objeto de estudio: las características y los niveles de las egoculturas proactivas y reactivas y sus consecuencias en los desarrollos humanos individuales de los comuneros artesanos dc Tambomachay.

OBJETIVOS DEL ESTUDIO

Describir las características, medir los niveles y analizar las *egoculturas proactivas y reactivas* de los comuneros artesanos de la Comunidad Campesina de Tambomachay en relación al negocio de la artesanía, e identificar y explicar sus efectos en sus *desarrollos humanos* individuales.

Describiendo las *egoculturas proactivas y reactivas* de los comuneros artesanos, explicando sus efectos en sus *desarrollos humanos* según las hipótesis, y sobre una base explicativa y predictiva, acceder a la posibilidad de mejorar sus calidades de vida incentivando una mayor *egocultura proactiva.*

FUNDAMENTACIÓN DEL ESTUDIO

Debido a la falta de estudios sobre el tema es necesario conocer cuáles son las características y los niveles de las Egoculturas Proactivas y Egoculturas Reactivas y cuáles son las consecuencias y efectos para el Desarrollo Humano

Individual. Únicamente conozco estudios de proactividad y reactividad referidos sólo al comportamiento (una parte de la cultura) en empresas y organizaciones occidentales urbanas y no en áreas rurales no occidentales como la andina. Considerar la proactividad y la reactividad como egoculturas desde una perspectiva antropológica y no tan sólo como comportamiento y analizarlas en un contexto andino llenará un vacío en el conocimiento científico.

PREGUNTAS GENERALES DEL ESTUDIO

Deduciendo del Problema Objeto de Estudio, las preguntas generales del estudio son:

- ¿Cuáles son las características y los niveles de Egocultura Proactiva en relación a la elaboración y venta de artesanía que se presentan en cada uno de los Comuneros Artesanos estudiados de la Comunidad de Tambomachay en la actualidad y cuáles son sus consecuencias para sus Desarrollos Humanos Individuales?

- ¿Cuáles son las características y los niveles de Egocultura Reactiva en relación a la elaboración y venta de artesanía que se presentan en cada uno de los Comuneros Artesanos estudiados de la Comunidad de Tambomachay en la actualidad y cuáles son sus consecuencias para sus Desarrollos Humanos Individuales?

HIPÓTESIS DEL ESTUDIO

Las hipótesis del estudio según las preguntas generales son:

1. Las características de la egocultura proactiva de los artesanos de Tambomachay en relación a la venta y/o a la elaboración de artesanía se basan en decisiones principalmente cuyos objetivos conscientes son la mayor venta de artesanía para un mayor nivel de desarrollo humano individual.

2. Las características de la egocultura reactiva de los artesanos de Tambomachay en relación a la venta y/o a la elaboración de artesanía se basan en condiciones sociales principalmente.

3. Un mayor Nivel de Egocultura Proactiva en los artesanos de Tambomachay en relación a la elaboración y/o venta de artesanía causa un mayor Nivel de Desarrollo Humano Individual. Es decir la relación de las variables son directamente proporcionales.

4. Un mayor Nivel de Egocultura Reactiva en los artesanos de Tambomachay en relación a la elaboración y/o venta de artesanía causa un menor Nivel de Desarrollo Humano

Individual. Es decir la relación de las variables son inversamente proporcionales.

5. El Nivel de Egocultura Proactiva en relación a la elaboración y/o a la venta de artesanía en los Comuneros Artesanos de la Comunidad de Tambomachay Pucara es generalmente alto.

6. El Nivel de Egocultura Reactiva en relación a la elaboración y/o a la venta de artesanía en los Comuneros Artesanos de la Comunidad de Tambomachay Pucara es generalmente bajo.

32

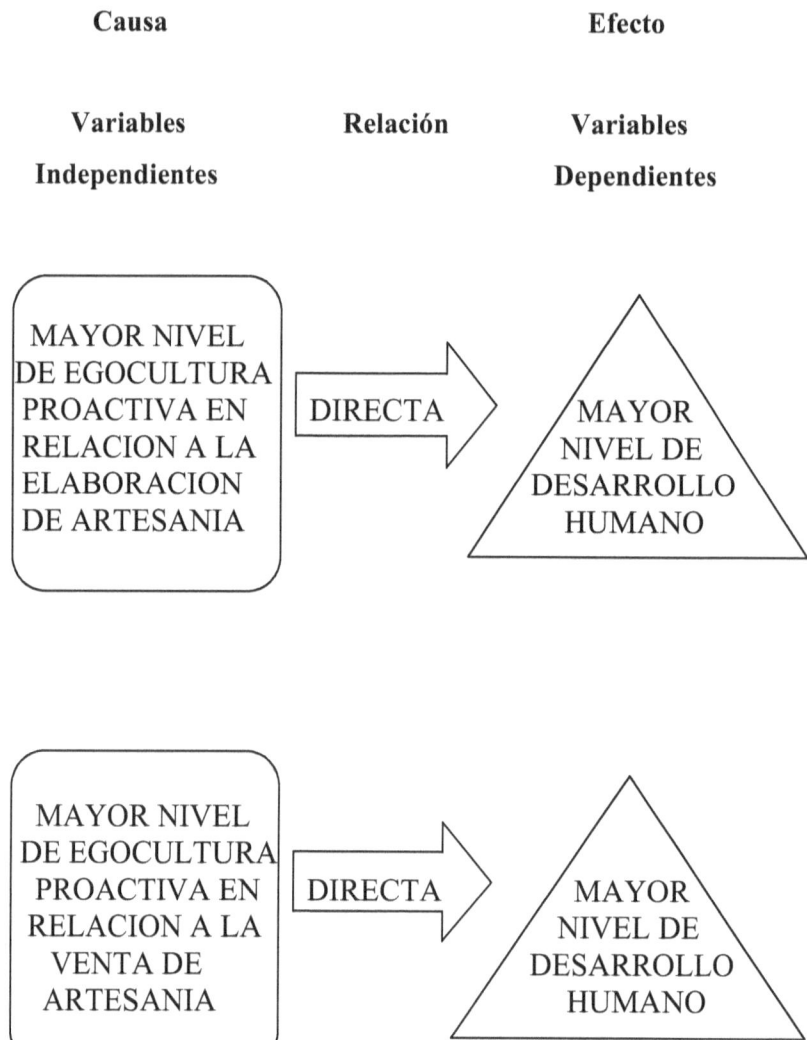

Diagrama C: La hipótesis número tres se representa mediante este diagrama. Las variables independientes son las causas de las variables dependientes que son su efecto. Las primeras variables son: Nivel de Egocultura Proactiva en los artesanos en relación a la elaboración de artesanía, y el Nivel de Egocultura Proactiva en los artesanos en relación a la venta de artesanía. Las segundas variables son: Nivel de Desarrollo Humano Individual de los artesanos productores y Nivel de Desarrollo Humano Individual de los artesanos comerciantes. El mayor nivel de las variables independientes o causas tienen como efecto mayores Desarrollos Humanos Individuales.

Causa		**Efecto**
Variables	**Relación**	**Variables**
Independientes		**Dependientes**

MAYOR NIVEL DE EGOCULTURA REACTIVA EN RELACION A LA ELABORACION DE ARTESANIA

INVERSA

MENOR NIVEL DE DESARROLLO HUMANO

MAYOR NIVEL DE EGOCULTURA REACTIVA EN RELACION A LA VENTA DE ARTESANIA

INVERSA

MENOR NIVEL DE DESARROLLO HUMANO

Diagrama D: La hipótesis número cuatro se aprecia en este esquema. Las variables independientes son las causas de las variables dependientes que son su efecto. Las primeras variables son: Nivel de Egocultura Reactiva en los artesanos en relación a la elaboración de artesanía y el Nivel de Egocultura Reactiva en los artesanos en relación a la venta de artesanía. Las segundas variables son: Nivel de Desarrollo Humano Individual de los artesanos productores y Nivel de Desarrollo Humano Individual de los artesanos comerciantes. El mayor nivel de las variables independientes o causas tienen como efecto menores Desarrollos Humanos Individuales.

METODOLOGÍA

El presente estudio se ha realizado durante el año del 2001 y los dos primeros meses del 2002. El investigador es residente en la comunidad desde hace 36 meses.

Unidad de análisis del estudio

La unidad de Análisis es la Comunidad Campesina de Tambomachay de unos 108 habitantes, perteneciente al distrito del Cusco y ubicada a once kilómetros de la ciudad del Cusco dentro del Parque Arqueológico de Saqsaywamán.

Unidades de observación del estudio

Las Unidades de Observación son los quehaceres (las variables) de ocho artesanos de la Comunidad en relación a la actividad artesanal de elaboración y/o venta dirigida hacia el mercado turístico.

Se ha estudiado dos artesanos productores: Iván de 22 años, casado con un bebé y con secundaria completa; y Marcelo (seudónimo) de 18 años y soltero con primaria completa. Dos artesanos comerciantes: Tarantino (seudónimo) de 18 años, soltero, huérfano y primaria completa; y Watson (seudónimo) de 15 años, soltero y primaria completa. Cuatro artesanos productores y comerciantes: Yoni de 20 años, soltera y primaria incompleta; Marcelina (seudónimo) de 25 años, casada con dos bebés y primaria incompleta; Vincenza (seudónimo) de 29 años, casada con dos niños y primaria incompleta; y Frida (seudónimo) de 23 años, soltera y primaria completa.

Las variables de nivel de educación y edad no se consideran porque no son relevantes para la proactividad y la reactividad en este estudio en particular cuyo problema de investigación contienen otras relaciones.

Iván y Yoni son nombres verdaderos. Los demás son nombrados con seudónimos debido a sus deseos.

La investigación es descriptiva y explicativa. El propósito es describir las características de los componentes y medir los niveles según sea el caso (conceptos, teoría, variables e indicadores) del objeto de investigación y explicar las relaciones de causa – efecto que se generan entre los componentes – variables:

Variables independientes o causas:

A. Características de egocultura proactiva en relación a la elaboración de artesanía.

B. Características de egocultura proactiva en relación a la venta de artesanía.

C. Nivel de egocultura proactiva en relación a la elaboración de artesanía.

D. Nivel de egocultura proactiva en relación a la venta de artesanía.

E. Características de egocultura reactiva en relación a la elaboración de artesanía.

F. Características de egocultura reactiva en relación a la venta de artesanía.

G. Nivel de egocultura reactiva en relación a la elaboración de artesanía.

H. Nivel de egocultura reactiva en relación a la venta de artesanía.

Variables dependientes o efectos:

I. Nivel de desarrollo humano individual de los artesanos productores.

J. Nivel de desarrollo humano individual de los artesanos comerciantes.

K. Nivel de desarrollo humano individual de los artesanos productores y comerciantes.

Se ha considerado las características y los niveles de egoculturas proactivas y reactivas en relación a la venta y elaboración de artesanía según sea el caso particular de cada uno de los ocho artesanos estudiados. Los denominados ´artesanos productores´ sólo se dedican a la elaboración y venden su producción a comerciantes. Los ´artesanos comerciantes´ solamente venden productos (comprados a terceros) en el sitio arqueológico de Tambomachay. Por último los ´artesanos productores y comerciantes´ venden en el sitio mercadería comprada, pero también producen algunas artesanías (Ver parte final del marco teórico). En consecuencia, los quehaceres o variables presentes en cada artesano son diferentes. Si un artesano es artesano productor, sólo son pertinentes las variables A, C, E, G e I. Si otro artesano es sólo comerciante, son estudiados los quehaceres o variables B, D, F, H y J. Y si algún artesano es productor y comerciante, son consideradas todas las variables independientes y la variable dependiente K.

Para descubrir la relación entre las variables independientes y dependientes, se ha analizado sólo los factores de las primeras variables que afectan a las segundas (Ver los indicadores en operacionalización de variables); y se ha utilizado los instrumentos adecuados (Ver anexos).

Los niveles de los diferentes tipos de egoculturas y desarrollos humanos medidos según los indicadores son relativos, es decir, son ordinales. Un nivel es mayor en relación a otros niveles menores.

Técnicas de obtención de datos:

- Entrevista individual a profundidad: se ha realizado según la guía de entrevista memorizada por el investigador. Nunca con reportera o apuntes, sino más bien tomando la forma de conversaciones cotidianas y naturales.

- Observación participante: previa memorización de la guía de observación, ayudando en la elaboración y venta de artesanía en forma de visitas amistosas. Nunca con reportera, libreta u otro instrumento. Las fotos y los videos fueron tomados en días especiales luego de la obtención de datos.

- Seguimiento de casos.

  Indicadores: Biografías (Socios artesanos o unidades de observación). Y Datos: entrevistas, observaciones, encuestas y opiniones de terceros.

- Encuesta dinámica: Consistió en aplicar el cuestionario de encuesta junto a todas las demás técnicas durante todo un día de trabajo para cada artesano en un lapso de doce días.

Instrumentos de obtención de datos:

- Guía de entrevista (ver anexos)
- Guía de observación (ver anexos)
- Cuestionario de la encuesta (ver anexos)

- Cámara fotográfica
- Video Cámara

Análisis de la información empírica

El análisis de la información empírica o datos se ha realizado mediante las siguientes técnicas:

- Inducción analítica: para teorizar.
- Análisis de casos: como ilustración de la teoría con los procesos de tres artesanos.
- Análisis de contenido: para las entrevistas, conversaciones y discursos de asambleas.
- Descripción general: para la redacción.

OPERACIONALIZACIÓN DE LAS VARIABLES DE ESTUDIO

VARIABLES	INDICADORES
A. CARACTERISTICAS DE EGOCULTURA PROACTIVA EN RELACION A LA ELABORACIÓN DE ARTESANÍA	A-1. Responsabilidades ante problemas en relación a la elaboración de artesanía A-2. Decisiones en la elaboración de artesanía A-3. Iniciativas en la elaboración de artesanía
B. CARACTERISTICAS DE EGOCULTURA PROACTIVA EN RELACIÓN A LA VENTA DE ARTESANÍA	B-1. Responsabilidades ante problemas en relación a la venta de artesanía B-2. Decisiones en la venta de artesanía B-3. Iniciativas cn la vcnta de artesanía
C. NIVEL DE EGOCULTURA PROACTIVA EN RELACIÓN A LA	C-1. Número de innovaciones en la elaboración artesanal emprendidos por iniciativa

ELABORACIÓN DE ARTESANÍA	propia durante un año. C-2. Número de cursos de capacitación en elaboración artesanal matriculados por propia iniciativa durante la vida. C-3. Nivel de calidad en elaboración de artesanía por día. C-4. Nivel de calidad de los insumos en la elaboración de artesanía por mes C-5. Número de investigaciones de mercado para vender la artesanía elaborada por año C-6. Número de experimentos en la elaboración para mejorar la calidad por año C-7. Número de adquisiciones de publicaciones instructivas

	en elaboración de artesanía por año
	C-8. Monto en soles de ahorros destinado a la reinversión y capitalización para la elaboración de artesanía en un mes
D. NIVEL DE EGOCULTURA PROACTIVA EN RELACIÓN A LA VENTA DE ARTESANÍA	D-1. Número de innovaciones en la venta artesanal emprendidos por iniciativa propia durante un mes
	D-2. Número de cursos de capacitación en venta de artesanía matriculados por propia iniciativa durante la vida.
	D-3. Nivel de calidad del servicio en la venta de artesanía por día.
	D-4. Número de investigaciones de mercado basados en decisiones

	propias para vender artesanía por año D-5. Número de experimentos en el servicio para mejorar la venta de artesanía por año D-6. Número de adquisiciones de publicaciones instructivas para mejorar la venta de artesanía por año D-7. Monto en soles de ahorros destinado a la reinversión y capitalización para la venta de artesanía en un mes
E. CARACTERISTICAS DE EGOCULTURA REACTIVA EN RELACIÓN A LA ELABORACIÓN DE ARTESANÍA	E-1. Condiciones medioambientales que afectan la elaboración de artesanía E-2. Condiciones sociales que afectan la elaboración de artesanía

F. CARACTERISTICAS DE EGOCULTURA REACTIVA EN RELACIÓN A LA VENTA DE ARTESANÍA	F-1. Condiciones medioambientales que afectan la venta de artesanía F-2. Condiciones sociales que afectan la venta de artesanía
G. NIVEL DE EGOCULTURA REACTIVA EN RELACIÓN A LA ELABORACIÓN DE ARTESANÍA	G-1. Número de condiciones medioambientales que afectan la elaboración de artesanía por trimestre G-2. Número de condiciones sociales que afectan la elaboración de artesanía por año G-3. Número de defectos conscientes en la elaboración dc artesanía por día G-4. Número de defectos conscientes de los insumos para la elaboración de artesanía por mes

H. NIVEL DE EGOCULTURA REACTIVA EN RELACIÓN A LA VENTA DE ARTESANÍA	H-1. Número de condiciones medioambientales que afectan la venta de artesanía por trimestre
	H-2. Número de condiciones sociales que afectan la venta de artesanía por año
	H-3. Número de defectos conscientes en el servicio de venta de artesanía por día
	H-4. Número de defectos conscientes en la mercadería para la venta por mes
I. NIVEL DE DESARROLLO HUMANO INDIVIDUAL DE LOS ARTESANOS PRODUCTORES	I-1. Productividad en la elaboración de artesanía en un mes
	I-2. Ingreso semanal en la venta de artesanía elaborada
	I-3. Grado de instrucción

	I-4. Número de textos, diarios o revistas comprados en un año
	I-5. Número de visitas a la posta médica por año
	I-6. Número de visitas al hospital por año
	I-7. Número de visitas a médico particular por año
	I-8. Número de medicinas compradas por año
	I-9. Nivel en la calidad de alimentos consumidos por día
	I-10. Número de vestidos comprados por mes
	I-11. Número de instrumentos de trabajo artesanal comprados por año
	I-12. Número de insumos artesanales comprados por mes

	I-13. Número de bienes comprados para la vivienda por año
	I-14. Nivel de la calidad de los bienes para la vivienda comprada en un año
	I-15. Tamaño de construcción de la vivienda
	I-16. Nivel de calidad de la vivienda
	I-17. Nivel de calidad del mobiliario de la vivienda
	I-18. Número de asistencias a eventos culturales por año
	I-19. Número de paseos por año
	I-20. Número de asistencias a fiestas tradicionales por año
	I-21. Número de celebraciones de eventos familiares: cumpleaños, bautizos, matrimonios, por

	año
	I-22. Número de participaciones en cargos y padrinazgos desde que elabora artesanía
	I-23. Número de participaciones en cargos políticos desde que elabora artesanía
	I-24. Número de visitas familiares efectuadas por año
	I-25. Número de visitas recibidas por año
	I-26. Número de participaciones en asociaciones o clubes desde que elabora artesanía
	I-27. Número de oportunidades laborales desde que elabora artesanía
	I-28. Número de opciones para elegir los bienes y

	servicios comprados por año
J. NIVEL DE DESARROLLO HUMANO INDIVIDUAL DE LOS ARTESANOS COMERCIANTES	J-1. Productividad en la venta de artesanía en un mes J-2. Ingreso semanal en la venta de artesanía J-3. Grado de instrucción J-4. Número de textos, diarios o revistas comprados en un año J-5. Número de visitas a la posta médica por año J-6. Número de visitas al hospital por año J-7. Número de visitas a médico particular por año J-8. Número de medicinas compradas por año J-9. Nivel en la calidad de alimentos consumidos por día J-10. Número de vestidos

	comprados por mes
	J-11. Número de instrumentos de trabajo artesanal comprados por año
	J-12. Número de bienes comprados para la vivienda por año
	J-13. Nivel de la calidad de los bienes para la vivienda comprada en un año
	J-14. Tamaño de construcción de la vivienda
	J-15. Nivel de calidad de la vivienda
	J-16. Nivel de calidad del mobiliario de la vivienda
	J-17. Número de asistencias a eventos culturales por año
	J-18. Número de paseos por año
	J-19. Número de asistencias a fiestas tradicionales por

	año
	J-20. Número de celebraciones de eventos familiares: cumpleaños, bautizos, matrimonios, por año
	J-21. Número de participaciones en cargos y padrinazgos desde que vende artesanía
	J-22. Número de participaciones en cargos políticos desde que vende artesanía
	J-23. Número de visitas familiares efectuadas por año
	J-24. Número de visitas recibidas por año
	J-25. Número de participaciones en asociaciones o clubes desde que vende artesanía

	J-26. Número de oportunidades laborales desde que vende artesanía J-27. Número de opciones para elegir los bienes y servicios comprados por año
K. NIVEL DE DESARROLLO HUMANO INDIVIDUAL DE LOS ARTESANOS PRODUCTORES Y COMERCIANTES	K-1. Productividad en la elaboración de artesanía en un mes K-2. Ingreso semanal en la venta de artesanía elaborada K-3. Productividad en la venta de artesanía en un mes K-4. Ingreso semanal en la venta de artesanía no elaborada K-5. Grado de instrucción K-6. Número de textos, diarios o revistas comprados en un año K-7. Número de visitas a la

	posta médica por año
	K-8. Número de visitas al hospital por año
	K-9. Número de visitas a médico particular por año
	K-10. Número de medicinas compradas por año
	K-11. Nivel en la calidad de alimentos consumidos por día
	K-12. Número de vestidos comprados por mes
	K-13. Número de instrumentos de trabajo artesanal comprados por año
	K-14. Número de insumos artesanales comprados por mes
	K-15. Número de bienes comprados para la vivienda por año

	K-16. Nivel de la calidad de los bienes para la vivienda comprados en un año
	K-17. Tamaño de construcción de la vivienda
	K-18. Nivel de calidad de la vivienda
	K-19. Nivel de calidad del mobiliario de la vivienda
	K-20. Número de asistencias a eventos culturales por año
	K-21. Número de paseos por año
	K-22. Número de asistencias a fiestas tradicionales por año
	K-23. Número de celebraciones de eventos familiares: cumpleaños, bautizos, matrimonios, por año
	K-24. Número de

	participaciones en cargos y padrinazgos desde que elabora y vende artesanía K-25. Número de participaciones en cargos políticos desde que elabora y vende artesanía K-26. Número de visitas familiares efectuadas por año K-27. Número de visitas recibidas por año K-28. Número de participaciones en asociaciones o clubes desde que elabora y vende artesanía K-29. Número de oportunidades laborales desde que elabora y vende artesanía K-30. Número de opciones para elegir los bienes y

	servicios comprados por año

Capítulo II

LA LIBERTAD DE LA VOLUNTAD

ARTESANOS PROACTIVOS

Cargando bultos por la mañana; cargando bultos por el
anochecer

Todos los días, entre las siete y ocho horas aproximadamente, los artesanos de Tambomachay descienden por la ladera dirigiéndose hacia el sitio arqueológico del mismo nombre. Con bultos pesados sobre las espaldas, llevan diversos tipos de artesanía para vender a los turistas: platos y vasijas de cerámica, pulseras y tapetes tejidos en lana, pumas y cofres tallados en piedra. La mayoría de esta mercadería lo compran a los comerciantes mayoristas que vienen del Cusco o de Pisaq. Pero también ellos mismos elaboran algunos productos tales como gorras, pulseritas y chompas tejidas con lana, y cofres y figuras talladas en piedra marmolina o pizarra traída de Urcos. Son pocos los que no producen artesanía y que sólo comercian. Cuando aún no llegan al sitio arqueológico los clientes nacionales y extranjeros, los artesanos colocan sus productos sobre el suelo y a un costado del camino. Primero cubren la superficie de tierra con un plástico azul el cual sirve como tapete; después, pieza por pieza, van colocando muchas variedades de productos artesanales: un puma de piedra de pizarra de color negro, salamancas de cerámica con diseños incaicos, vasijas con decoraciones andinas e incaicas; tapetes tejidos con diseños paisajistas de los andes, con figuras geométricas multicolores o con rostros felices; gorras de lana de muchos colores, jaspeadas, con rayas, con alpacas y llamas, y con la palabra Cusco; pequeños llaveros eróticos hechos con resinas; campesinos mendigos grotescos de arcilla; azucareras, tazas, jarritas, soperas, todas de cerámica quemadas a leña en hornos de barro o quemadas en hornos eléctricos.

Pero la jornada laboral no ha empezado cargando bultos. Ellos se han levantado mucho más temprano para realizar sus múltiples quehaceres domésticos. Las madres de familia con esposos que son la mayoría de artesanos de Tambomachay han debido preparar el desayuno, llevar a sus vacas para pastear, alimentar a sus animales de corral, lavar vajilla, cubiertos, y cambiar de ropa a sus hijos pequeños. Gran parte de las artesanas son adultas jóvenes, sus edades oscilan entre los 20 y 30 años, por lo que sus hijos son muy pequeños mayormente. Pero si tienen hijos en edad de poder ayudarles se liberan un poco de algunas tareas. De esta manera sus pequeños ayudan a recoger la leña para el desayuno y las demás comidas, llevan a pastear a las vacas, o lavan algo de ropa o vasijas. Si no es así ellas mismas lo hacen por lo que muchas señoras desean que sus hijos crezcan rápido para tener ayuda en la fuerza laboral doméstica: *'cuando estará grande para que me ayude...'*, me dice la señora Marcelina (seudónimo) mirando a su pequeña hija que llora no sé porqué. Ella está cargando su pesado bulto con artesanía. Llovizna, el frío acecha, los caminos son de resbaloso barro. La humedad hace que el olor de las plantas divague por la atmósfera. Ella toma de la mano a su pequeña hija y se dirige hacia el sitio arqueológico para vender. Camina despacio y con cuidado. Le dice a su pequeña que se apure. Encorvada por el peso de su atado de artesanía, saluda a sus vecinos con una sonrisa en su rostro. A su sobrino lo deja jugando con otros niños. No puede llevarlo a vender porque no puede cuidarlo. Lo deja fuera de la casa porque ha asegurado con llave todas las puertas.

Muchas artesanas llevan a sus bebés a vender al sitio arqueológico o ruinas como ellas lo llaman. Esto significa un doble esfuerzo, cargar los bultos y cargar a los bebés. Pero tienen que hacerlo porque los bebés aún no pueden cuidarse solos.

Según he observado en la comunidad, un infante de dos años y hasta menor, ya puede permanecer solo sin sus padres. Juegan con otros niños o se divierten solos. Incluso en una oportunidad, una niña de un año y medio jugaba con una hoz. Según mi experiencia, en la ciudad se debe cuidar más a las criaturas quienes aprenden a autoprotegerse a mayor edad.

Después de alistar sus puestos de venta en el sitio arqueológico, los artesanos esperan a los turistas para comerciar. Sin embargo, los deberes no cesan, de tanto en tanto las artesanas regresan a la comunidad para efectuar alguna labor, de repente escarbar papas, lavar ropa, o quizás comprar sal para después preparar el almuerzo. Por esta razón durante varias horas del día los puestos permanecen vacíos perdiéndose así varias oportunidades de venta.

El viaje desde la comunidad al sitio dura unos diez minutos. El camino es una ladera, en épocas de lluvia el barro cubre la superficie por lo que deben tener mayor cuidado en bajar con sus bultos. Con sol, con lluvia, con frío, con calor, este viaje lo tienen que hacer siempre. Raras veces no van a trabajar a las ´ruinas´. Son muy pocos los artesanos que no venden por razones del clima.

Se da el caso cuando los días emergen lluviosos y por tal motivo se supone que los turistas serán pocos. Además, el agua malogra las cerámicas y los tejidos. A pesar de este inconveniente, los artesanos comuneros de todas formas arman sus puestos en las ruinas para vender. Se cubren con plástico el cuerpo y su mercancía la protegen con plástico transparente para que así los clientes puedan apreciarla.

El poder de todos, el poder de uno

Todos los artesanos comuneros que venden en el sitio arqueológico de Saqsaywamán han formado la Asociación de Artesanos y Productores de los Ayllus del Inca. A fines de 1998 recibieron la autorización del Instituto Nacional de Cultura. Después de casi un año de gestiones ante el INC y de haber gastado mucho dinero, al fin pudieron entrar a vender en el sitio arqueológico intangible.

La mayoría de los veintiún artesanos asociados son mujeres adultas jóvenes con familia. Sólo dos son mujeres jóvenes solteras. Una artesana comerciante es madre soltera muy joven quien vende para su padre que es asociado. Los únicos varones que venden en las ruinas son un adulto con familia, un joven huérfano que sufre de una malformación en una pierna desde su nacimiento y un niño quien vende para mantener a su padre alcohólico. Por un tiempo también una pequeña niña de doce años, aprovechando sus vacaciones, se encuentra vendiendo debido a que su madre no desea hacerlo. Pero no todos los asociados participan activamente. Muchos no asisten a las asambleas y otros ya no venden más. Sólo unos doce artesanos siguen en la actividad artesana activamente.

Vincenza (seudónimo) de 29 años de edad y madre de dos niños recuerda que lograr el permiso del INC fue una tarea ardua. ´… *el INC no quería dejarnos vender… hemos gastado mucho dinero y tiempo… los vendedores de las ruinas no querían que nosotros vendamos…*´ Ella ha trabajado mucho junto con sus compañeras para lograr vender ahora en las ruinas. Según su testimonio, en las oficinas del INC no les hacían caso y siempre aparecía un nuevo problema durante las presentaciones de documentos. Ella afirma que realizaban todos los pasos documentarios que el instituto obligaba, pero que sin embargo, cuando se apersonaban a las dependencias del INC, los empleados administrativos observaban los documentos y detectaban errores y faltas por lo que nuevamente debían gestionar otros nuevos documentos. A pesar de todo, Vincenza menciona, ella nunca cedió ante los obstáculos y siempre continuó porque de todas formas quería cumplir con sus objetivos. También rememora con un poco de desasosiego que los comuneros y comuneras no disponían de dinero para cancelar las legalizaciones, las fotocopias y permisos. ´…*conseguíamos la plata de donde sea… nos prestábamos, pedíamos ayuda, no sé cómo hemos hecho…*´

Marcelina (seudónimo) de igual modo se acuerda de los múltiples problemas que tuvieron para conseguir la autorización del INC. Con 25 años de edad y madre de familia con dos bebés, recuerda aquellos días de esfuerzo: *'…nos reuníamos las mujeres de la comunidad y acordábamos hacer parrilladas para conseguir dinero… poco a poco pagamos los documentos… a veces ya no podíamos, pero con mucho trabajo logramos…'*. Tarantino (seudónimo) de 18 años y soltero se ríe cuando conversa sobre este asunto, pero en esos días, con seguridad, no habrá estado tan contento con tantos tropiezos y trabas: *'…no se podía vender porque no te dejaban los del INC, teníamos que hacer los documentos…todos hemos trabajado juntos para poder vender en las ruinas…'*

Cuando los comuneros iniciaron su comercio en las ruinas hace tres años, los comerciantes artesanos del Cusco ya habían estado establecidos allí por unos quince años. Estos citadinos se ubicaron lo más cerca posible de las construcciones incas las cuales son muros de dos niveles con vanos y fuentes de agua que emanan de los manantes que se encuentran en las faldas del cerro tutelar o Apu Katunqi. La bienvenida de los comerciantes del Cusco hacia los artesanos de la comunidad no fue muy amistosa. Mucho de ellos insultaban a los recién llegados comuneros. Les decían que vayan a vender en otro lado y que no había más espacio para todos: *'…váyanse, qué hacen aquí'*, vociferaba insolentemente uno; ´...*anda mas allá a vender carajo!...*´ reclamaba una señora porque una comunera se acercaba a su puesto para vender a un turista extranjero que caminaba hacia la construcción inca. Pero no todos los comerciantes urbanos son agresivos con los comuneros, sobre todo los jóvenes son amistosos, incluso van a jugar a la comunidad un ´partido de fulbito´

Debido a la agresiva bienvenida, sobre todo de los comerciantes urbanos adultos, los artesanos comuneros decidieron trasladarse al lado de la garita de control que está en el acceso a las ruinas al lado de la carretera. A uno 200 metros de la construcción inca, los comuneros instalaron sus plásticos azules para vender sin la molestia y las amenazas de los comerciantes del Cusco. Pero como la venta era escasa debido a que los turistas extranjeros transitaban en buses hacia y desde las ruinas, los comuneros decidieron otra vez ubicarse cerca de los urbanos a pesar de las molestias y amenazas.

Una señora que vive en Villa San Blas me dijo en una oportunidad que los comuneros eran muy sucios y que así iban a vender dando mal aspecto a los turistas: ´... *son muy sucios....así venden*´. La verdad yo la observé y sinceramente ella no estaba ´muy limpia´. Solo sentí que expresaba su descontento por los nuevos colegas y la nueva competencia.

Esta situación de agresión condujo a peores consecuencias que amenazaban la integridad de los comuneros artesanos. Unos meses después de que los comuneros se habían instalado en las ruinas para vender, el teniente gobernador de la comunidad fue amenazado de muerte por algunos comerciantes urbanos. La intolerancia y los deseos de no compartir las ventas parecen haber sido los motivos, y además, se sentían amenazados de ser expulsados por el mismo INC. Los comerciantes urbanos acusaban al teniente gobernador de la comunidad de estar gestionando su expulsión. Es necesario señalar que solo unos cuantos comuneros desean que los del Cusco sean reubicados porque alegan que ellos tienen exclusivos derechos para el comercio en las ruinas por vivir en la comunidad adyacente. Una comerciante del Cusco opinó que no era justo y que se debía disponer de espacio para que todos puedan vender. Al principio los artesanos comuneros no tenían esta idea de expulsar a los urbanos, pero después de haber sido recibidos con violencia germinaron estos pensamientos defensivos.

Ante este grave problema los comuneros reunidos en asamblea acordaron no responder con violencia a los urbanos sino continuar con sus quehaceres comerciales evitando en lo posible alimentar el conflicto.

Muchos comuneros que aún no son socios empadronados se lamentan de que no puedan vender en las ruinas porque solo son admitidos los empadronados. Así lo establecen las reglas de la comunidad campesina. Por esta razón un comunero me dijo que él quiere ser socio solamente para gozar de los beneficios.

Cómpreme señor… cómpreme

Marcelina

Elabora pulseritas y gorritas de lana. Las hace mientras conversa en cualquier lugar o mientras vende en su puesto en las ruinas. En casa no las elabora porque tiene tanto trabajo que efectuar. De 25 años, con dos hijos bebés, un esposo y un sobrino que atender debe darse tiempo para poder vender artesanía a los ′gringos′, como ella dice. Para elaborar las pulseritas y los gorros de lana crea nuevos diseños que han sido vendidos en mayor cuantía: *′…estoy haciendo estos colores porque les gusta a los gringos…′*. A pesar de que debe hacer tantas tareas en el hogar siempre lleva su bulto a su puesto de trabajo donde coloca con cuidado su mercadería. Ella suele esperar que algún compañero venda sus productos mientras va a casa a cocinar o a lavar ropa. Lamentablemente ella no sabe qué hacer para vender más productos y los problemas que se le presentan los ignora. Cuando surgieron los problemas con los artesanos urbanos ella no participó en los acuerdos de la asamblea. Esto nos demuestra que ella tiene un grado de responsabilidad muy bajo. Sin embargo, en las gestiones en el INC ella siempre siguió luchando para obtener lo que deseaba. A pesar de que tiene compromisos con sus comadres o familiares, ella siempre coloca su puesto de venta: *'...tenía que ir a ver a mi tía... pero tengo que vender'*. Para que los turistas se acerquen a su puesto de venta ella ha ideado algunas estrategias de venta. Lleva un vaso con agua y les hace ver cómo funcionan las jarras salamancas, las llena con agua por la parte de la base y las voltea sin derramar agua, después sirve el agua en el vaso y les hace el gesto de beber el líquido, saboreándolo y sonriéndoles. Los turistas sorprendidos le devuelven la sonrisa y sólo algunos se acercan. Así logra vender más, y si no hace esta operación, afirma, vende menos porque ella lo ha comprobado. No se fija mucho en la calidad de los productos que vende o elabora, pero siempre termina de producir la cantidad de pulseras y gorros que necesita para la venta.

Tarantino

Siempre sonríe. Es muy simpático y su constante buen humor es admirable, además de envidiable. Joven huérfano de 18 años vende a los turistas con buen ánimo. Hace muchas amistades y de una manera natural y graciosa se les acerca para ofrecer sus productos. Busca comprar artesanía que tenga contenido simbólico basado en la historia de los incas y se percata de la buena calidad. Gusta leer sobre los incas y así poder explicar a los clientes interesados.

Antes de hacer sus gastos ahorra sus ingresos para comprar cada vez más mercadería: ´...*cuando tienes más cantidad de artesanía, los turistas se te acercan más...*´. Muchas veces no va a trabajar porque tiene que jugar algunos partidos de fútbol a pesar de estar lisiado de una pierna. Le gusta ser portero y siempre está pensando en cómo hacer para mejorar la venta. Cambia los productos por otros si percibe que los turistas lo prefieren y siempre pregunta a los otros comerciantes por los productos más vendidos. Al llegar un grupo de turistas él siempre inicia la conversación preguntando por su origen, por su idioma: `...*hola amigo...hello....de dónde vienes...yo soy de la comunidad de allá arriba...cómprame señor...*´. De este modo logra vender de vez en cuando algún producto. A pesar de que no tenía dinero para empezar el negocio se endeudó y logró ahorrar para pagar su deuda.

Vincenza

Ella sólo espera que los turistas lleguen para vender. No cambia su forma de vender o de elaborar artesanía. Ella sólo hace lo que sabe hacer: ´...*qué puedo hacer para vender más...sólo esperar...'* Es decir, su iniciativa y responsabilidad son casi nulas. Pero trata de ahorrar todo lo que puede para mejorar su casa demostrando gran decisión. Evita en todo lo posible gastar dinero porque no acepta las ofertas de los vendedores ambulantes de alimentos que llegan a las ruinas a vender. Cuando su mercadería es escasa evita también mayores gastos para reponer los productos. A pesar de estar algunos días enferma se levanta de la cama y va a vender: '...*estoy mal...me duele la cabeza pero qué puedo hacer...tengo que vender...*'

En la gestión del permiso del INC ella motivó a sus compañeras para continuar con el proceso: '*...teníamos que vender...con o sin permiso del INC... yo de todas maneras tenía que vender artesanía para ganar alguito de plata...'* Vincenza tiene 29 años y dos hijos menores que la ayudan en los quehaceres de la casa. Ella ha decidido ganar más plata para comprarles mejores útiles escolares: '*...mis hijos necesitan libros para aprender...'.*

Querer es poder

Un caso de proactividad

Yoni

´*Cuando yo tenía doce años murió mi papá...*´, revive Yoni con nostalgia aquel momento de dolor. Ella es una mujer joven y soltera de 21 años de edad. Su rostro es muy agradable y siempre tiene energías para estar activa todo el día desde el amanecer hasta el crepúsculo. ´*... él tomaba mucho licor, mucho tomaba, pero dejó un año y se puso a ahorrar...* ´*vamos a construir nuestra casa´, nos dijo... él trabajaba en la construcción de carretera... nosotros vivíamos todos en un cuarto...mis padres, mi hermano y yo...*` Es casi de noche, el frío invade todos los rincones del cuerpo y Yoni, emocionada, continúa su relato: ´*...pero su amigo lo obligó a tomar..., vino a la casa, borracho vino, y lo sacó a mi papá... ´vamos a tomar´ le dijo. Mi papá no quería, pero su amigo lo jaló... desde allí tomaba todos los días...y dejó de trabajar´.* La pequeña Yoni desde entonces aprendió a trabajar en las ruinas para llevar un poco de dinero a su hogar sacrificando su niñez, sus juegos y su educación. Desertó a la escuela y empezó una nueva etapa en su vida: la del trabajo y la madurez, y todo esto sin haber terminado de vivir plenamente su niñez.

'Yo le daba plata a mi papá de lo que iba a pedir a los gringos a las ruinas,… iba con mi pollera y mi traje, con mi ovejita, y me daban plata… y le daba a mi papá, él se iba y compraba su licor…después le empezó a doler su cintura y no sé de qué, y un día se murió, y yo estaba, yo lo vi morir. Mi hermano no lo vio porque él estaba en Cusco estudiando en primero de media en Garcilaso…, después yo siempre vendía pulseritas y gorros y dulces en las ruinas…, me compraban los gringos y los nacionales, pero los wachimánes me decían que me vaya,…yo les decía por qué, si vendía poquito no más…en el INC me dijeron que sí podía vender,…los wachimánes me decían que yo ensuciaba y yo les decía que no… que yo lo levantaba la basura y lo quemaba en mi casa o lo enterraba…' Indignada por la injusticia Yoni sigue recordando: `…*un día un wachimán del INC me quitó mi bolsa de dulces, entonces yo me fui a Cusco a la casa de mi madrina porque ella trabaja en el INC y ella me dijo que trabajara en su casa, pero yo no quería, no me gustaba porque tenía su empleada y tal vez a ella la botó por mi culpa,… así que no quise. Un día pasé por INC y vi al señor Mamani (seudónimo) que iba a las ruinas, él es antropólogo y todos le decían doctor, yo también lo conocía, en las ruinas lo conocí, así que le dije que quería hablar con él, me dijo que esperara… y esperé… esperé*

casi toda la mañana. Después vino el señor, estaba ocupado hablando con los señores... y le dije que no me dejaban vender y que yo vendía para comer y que vivo de eso, que no tenía papá... y un día vino a las ruinas, subió a hablar con los wachimánes y me dejó vender en las ruinas..'.

'Casi un día me voy al extranjero...porque yo lloraba y una gringa me vio, yo estaba tejiendo un gorro y me tapaba para que no me vean llorar, yo era niña y me acordaba de mi papá,... y ella me habló...y me dijo que hacía...yo le dije un gorrito, y me dijo por qué lloraba, y yo le dije lo de mi papá y que vivía en la comunidad... y me dijo vamos a mi país...yo al principio dije sí.. pero después pensé que de repente me pasaba algo malo...porque a veces llevan con engaños y te matan,...me dio 70 soles y yo le regalé una pulsera y un gorro, ...me dio su número de teléfono y para los gastos de la partida de nacimiento porque yo no tenía...pero lo perdí y no hice nada...no le dije nada a mi mamá'

Con un libro de lenguaje en la mano, Yoni, quien ahora estudia en una escuela no escolarizada, retoma la historia de su vida: *'...cuando yo tenía 14 años se murió mi mamá...yo no la vi morir porque un día ella me pegó demasiado, nunca me había pegado tanto, me sonaba a veces, pero no como esa vez, con palos, me sacó sangre de la nariz, nunca me pegó así, mi hermano estaba enfermo y ella se emborrachó y me pegó, eso me dolió mucho, y me fui enojada al Cusco...le dije que por qué tomaba y por qué me pegaba, ya no voy a pastear a tu vaca, le dije...me enojé y me fui a Cusco, allí una señora me ofreció trabajo, me dijo que me iba a pagar 130 soles al mes, y como yo estaba enojada acepté...y me ilusioné, y la señora me llevó a Quillabamba...pero la señora me trataba mal, y no me pagaba, solo me pagaba poco dinero y me hacía trabajar mucho, su familia rápido comía. Yo me quería regresar a mi casa...o escribir una carta...pero no sabía cómo, no conocía a nadie, no sabía cómo mandar una carta...estaba sola...Me dio anemia en Quillabamba...la señora un dia me llevo a su chacra a trabajar, yo sí comia...y me gustaba la fruta y comer, pero un día ella me mando a traer pasto para sus animales, adentro , en la chacra...y al costado vi barro como arcilla roja, y no sé por qué, pero comí un poco...y sabía a dulce...parecía chocolate y era dulce...!rico era el barro! ...y me gustó... así que dejé de comer y solo comía esa tierra porque me gustaba'.*

'Cuando regresé a Quillabamba de la chacra comí tres naranjas, las chupé y me enfermé...empecé a temblar y a sudar...al revés: cuando había frío, yo tenía calor...cuando hacía calor yo tenía frio. La señora me dijo que era...palu...um....paludismo, o algo así. Me llevó al hospital, allí me pusieron inyecciones y me sacaron sangre para análisis...y me dijeron que tenía anemia...'

'Después dejé el trabajo, así no quería la señora, y me regresé al Cusco...y una señora de Cusco, amiga de mi mamá, me dijo que había muerto...mi mamá murió. Esto es lo que más me ha dolido en la vida...yo no la vi morir, no sé de qué murió, decían que estaba enferma...no sé. Me puse a trabajar en casas de Cusco, me trataban bien como a su hija...una señora era muy buena y yo era como su hija, me daba treinta soles, así, para comprar mis cosas'.

'Después me puse a vender en las ruinas, dulces y pulseras y gorras que yo hacía, mi hermano no vendía porque tal vez tenga vergüenza'. Parece ser que su hermano en aquellos días de tristeza, de abandono y de desesperación manifestaba una egocultura reactiva y que debido a las condiciones sociales reaccionaba ante los demás con timidez y vergüenza. Mi amiga Yoni prosigue: '...después vendía en el puente al lado de la garita de control de las ruinas...sacaba plata, un día mis primos y todos estaban enfermos con bronconeumonía, solo yo estaba sana, y les cocinaba y les cuidaba, pero un día caminando me puse ronca y respiraba rápido, y como yo tenía plata me fui al hospital... y me dijeron que tenía bronconeumonía...otra vez yo tenía plata porque vendía abajo, y me salieron unos granos en la cara, y me fui a la posta y me pusieron inyecciones...cuando trabajo y vendo, gano plata y tengo para las medicinas y me curo...'

Ahora Yoni estudia mucho. Después de largas jornadas de venta en las ruinas, de cocinar, de lavar y de cuidar a los animales, Yoni lee los libros de la escuela o los que le prestan sus primos. Estudia en la escuela los sábados y domingos, y para pagar sus estudios debe ahorrar. Piensa estudiar en un taller de cerámica y sobre todo desea aprender a dibujar para poder diseñar figuras de calidad sobre la arcilla: `*...no sé dibujar bien, así que voy a aprender...*`

Yoni es integrante de la Asociación de los Ayllus del Inca y cuenta que en enero de este año 2002 realizaron una asamblea: `*....han acordado dar comisiones a los guías del diez por ciento....pero yo no doy porque no me conviene...*` Los guías de turismo normalmente piden comisiones a los artesanos. A cambio del dinero conducen a los visitantes a los puntos de venta y los incentivan para que compren, haciendo publicidad cuando explican las historias. Así demoran más tiempo las visitas a los sitios turísticos donde los artesanos ofrecen comisiones. *'Han acordado darles comisión a los guías...pero no conviene, ellos piden el diez por ciento, de ciento, de cien piden diez soles, de frente piden... están mirando para ver lo que vendemos y piden su comisión para la gaseosa, directo dicen...si les das dicen que es de buena calidad y les hacen comprar...si no les das plata dicen a los gringos que es de mala calidad...yo les pienso dar* *nada porque no conviene, tu compras a 30 y vendes a 40, y debes darles cinco….así ya no conviene…´*

Para vender les digo a los turistas ´*…cómprame señor… así digo…´* Refiriéndose a los maltratos de algunos comerciantes urbanos, Yoni relata: ´*…yo voy a ofrecer hasta allí no más, hasta donde está ese señor gordo porque él nos dice que vayamos abajo….que allí no debemos vender….pero yo le digo que cuando ellos van a ofrecer abajo, nosotros no les decimos nada… Una vez le insultó a Marcelina cuando ella se fue a vender por su lado, le dijo…¡carajo, ustedes váyanse abajo!.....pero yo no hago caso y sigue vendiendo…´*

Muchas comuneras se quejan de que no pueden ampliar sus puestos de venta porque el INC no lo permite y observan con recelo los puestos de venta más grandes de los comerciantes del Cusco. Pero Yoni ve de otra forma el problema: ´*Los del INC sólo nos dijeron que para cada una haya un metro diez centímetros de largo a lo largo del camino, pero de ancho o profundidad no nos dijeron nada, así que podemos usar más espacio…..además quién les va a hacer caso…´* Aquí se puede vislumbrar que las demás comuneras se dejan condicionar por las imposiciones del INC, el cual forma parte de las condiciones sociales de los comuneros.

Yoni, por el contrario, tiene alternativas y no se deja condicionar gracias a su proactividad frente a la reactividad de sus compañeras. Prosigue Yoni: '*…algunos de la comunidad ya ponen más mercadería…ellos…los del Cusco…tienen más porque están desde hace años…desde los años noventa….*' Le pregunto sobre la posible reubicación de todos los puestos de venta hacia otro lugar por parte del INC y Yoni responde con optimismo: '*…no creo que nos reubiquen…pero si nos reubican…me voy a vender a otro lado igual…*'

Con aún más soltura en comparación con la timidez que la caracteriza, Yoni se entusiasma al conversar sobre su trabajo: '*Los carros ahora vienen en las tardes…antes venían en las mañanas…y en las mañanas es mejor porque así, los turistas tienen mas tiempo y están más tranquilos….así se venden más… Los guías me conocen desde niña que yo iba a vender, y les ofrecen mi artesanía sin que yo les de comisión. No sé…las otras que harán…si darán comisión o no… Yo pienso estudiar un año y aprender a pintar para hacer artesanía…Cuando tenía plata….tenía un montón de artesanía, todo tipo de platos de todos de las formas y colores….y vendía más, pero al hacer mi casa me endeudé y tenía que pagar a mi hermano, y ya no podía comprar más mercadería por lo que ahora tengo poco…Yo sé que para vender más debo tener más cosas, más variedades y más formas…así se vende más….A veces me desanimo para estudiar pero digo que voy a seguir de todas maneras…voy a terminar y aprender a dibujar para hacer artesanía…No pienso casarme porque los esposos pegan y dicen a dónde vas... Le digo a Marcelo que termine, ahora debo subsanar exámenes de matemáticas y no tengo plata para pagar 20 soles....´*

Yoni aprendió a tejer mirando a su mamá y a sus tías. Para vender produce gorros, pulseritas y chompas de lana. También compra artesanía a los comerciantes que vienen de Cusco o Pisaq. De todos modos, dice, quiere aprender cerámica o tejidos y construirse un horno para quemar cerámica. *´...con un horno vendería más barato y daría mayor ganancia...pero dejaría por un año la escuela para estudiar artesanía...pero después tendría más plata...No quiero usar el horno que dejó la Turuyq Tupaq* (Institución que hizo un taller de capacitación en artesanía y construyó un horno comunal)… *porque la gente habla y tiene envidia… yo quiero tener mi propio horno....con más plata haría mi casa mejor...este año no más.. y compraban.....el año 2000 venían más y ahorraba todo lo que podía en un chanchito que por casualidad rompí un día sin darme cuenta...no salía nunca... ni asistía a reuniones por ahorrar todo y hacerme mi casa... yo todo ahorro... cuando quiero comprarme algo...mejor, digo... esto puedo ahorrar y comprarme mis cosas mejores para la casa... La capacitación de inicios de los 90 y que hizo el horno no pegó porque la gente en esa época vivía del campo y vendía sus productos, por lo que no necesitaban vender* *artesanía... ahora tenemos que vender artesanía... no necesitaban... sólo vivían de su chacra´.*

Acerca de las gestiones con el INC para pedir la autorización de venta en el sitio arqueológico de Tambomachay, Yoni informa: *´...para lograr la autorización del INC, las mujeres con Don José, Don Valentín, con la Junta, hicimos todos el trámite que duró un año....se gastaba plata y una hermana nos donó plata....500 dólares para el papeleo...Los del INC se echaban la pelota y nos mandaban de un lugar a otro....pero logramos la autorización. En la junta directiva de mujeres dejamos 500 soles con una parrillada, y hacíamos las cosas y decidíamos rápido y hacíamos rápido las cosas... los hombres de ahora de la junta no hacen nada... las mujeres trabajan mejor´.*

´Al ingresar en el sitio arqueológico para vender... al inicio, los otros comerciantes de Cusco nos insultaban y no querían que vendamos... nos dicen que no limpiamos... Siempre ha habido dos grupos de artesanos del Cusco... y ahora hay tres con nosotros... pero los dos grupos del Cusco se están uniendo.

Le pregunto a Yoni sobre su ausencia en mis clases de inglés para los artesanos y me responde: *´...sí quiero aprender inglés, pero antes no venía a las clases de inglés porque estaba cansada y me dormía en mi casa... pero estoy estudiando con un libro de inglés... querer es poder...´*

¿Para qué sirven las manos?

Dos casos de artesanos productores

Iván Flores Puma

Iván está muy entusiasmado que lo entreviste. Es casado y tiene un hijo de seis meses, Roger Iván. Él, muy gustoso, me da su permiso para que tome fotos y me indica qué vistas debo registrar. Me explica muchos temas sobre el trabajo de cerámica. Sin necesidad de preguntar me indica las calidades de sus trabajos, me describe el proceso de pintado de sus lámparas que ha quemado en su horno de barro a leña, me invita a seguirlo por su taller de alfarero, me muestra su torno y me conversa sobre sus proyectos, sus ideas y sus logros…

´*…A los doce años aprendí a tallar en piedra yo solo….mirando a mi padre y a los otros artesanos y aprendí poco a poco. Mi padre vende artesanía desde hace 15 años en las ruinas, él entro con un grupo de diez comuneros, pero el resto se retiró. Yo también aprendí a tejer…he hecho tejidos de niño también´*

Siempre sonríe Iván y no deja de hablar sobre su arcilla y su artesanía. ´*…Porque este lugar es turístico….he decidido yo solo estudiar en un Centro Educativo Ocupacional o*

CEO artesanía en cerámica. A mí me gusta hacer esto...Hace un año estudié y empecé a producir...En el CEO sólo te enseñan lo básico no más...los profesores no te dan sus secretos, por lo que yo sólo leo libros en la biblioteca municipal del Cusco. He leído libros de capacitación en artesanía...ahora último por radio he escuchado sobre un curso de capacitación que daba Guamán Poma y la universidad por lo que me inscribí....Había un curso en SENATI que costaba 105 soles, pero en ese momento no tenía plata...si hubiese tenido me inscribía'

'En los cursos diversos aprendes muchas cosas y poco a poco te vas capacitando más. Los artesanos de otros lugares no mejoran su calidad y desde años hacen lo mismo y sólo les interesa ganar dinero, pero cuando haya otros artesanos mejores ellos van a quedar atrás'.

Iván me pide que le espere sólo ´un ratito´ y casi corriendo trae unas fotocopias anilladas de textos sobre alfarería y técnicas en el proceso de elaboración de cerámica. Orgulloso y siempre con ánimo a intercambiar ideas me entrega las copias para que las revise.

´Yo hago mis creaciones propias, leo libros sobre los incas para explicar el diseño que hago....Por ejemplo hay un plato de Pisaq que tiene un dragón y unos hombres con antenas que no significan nada, no sé que quiso hacer ese artesano....yo hago platos con incas en el Inti Raymi....´

´El proceso para hacer cerámica es obtener arcilla de la quebrada cerca de Tambomachay…y también arenilla para la mezcla. Después se cierne para obtener la arcilla, se mezcla con los minerales de cuarzo y se da forma con las manos en el torno eléctrico, después se deja secar… después se hornea… y después se remoja en agua para sacar las sales que hacen daño a la cerámica, dan mala calidad… después se hornea… y después se pinta con Tekno y se da brillo con barniz… Cuando hace frío y hay humedad no seca la cerámica y dura mucho tiempo en el horno, además el torneado sobre la arcilla fría hace mal a las manos y con el tiempo afecta la salud´

Muchas veces he visitado a Iván en su taller. Me gusta ver cómo quema su cerámica en su horno y es muy agradable ver el fuego y presenciar su optimismo. Siempre que converso con él mientras trabaja, está comparando las diversas producciones y siempre, sin que yo le interrogue, me enseña las diferencias en las calidades. Cuando algo no va bien en el proceso de producción, se preocupa y averigua el por qué.

´Cuando tiene una mala mezcla y sales, se producen poros…así al hornear entra aire a la arcilla y no es buena la cerámica. En la práctica voy conociendo las mejores mezclas y las calidades…y voy mejorando el producto. Quiero mejorar la calidad para buscar nuevos mercados y para poder exportar. Quiero comprar un horno eléctrico para hacer

esmaltados al interior de la cerámica. Con mi horno no se puede...debo hacer esto para vender porque lo que no está esmaltado ya no se vende más ahora. El horno cuesta unos mil dólares y estoy ahorrando poco a poco'.

'Con la artesanía vivo mejor, compro mis cosas, ahorro y siempre capitalizo con herramientas y material para poder trabajar'. De hecho, Iván tiene un estilo de vida con mayores comodidades que los demás artesanos de la comunidad.

'Yo hago mis pinceles de pelo de gato... mi gato ya no tiene pelos...' (ríe), *'...porque el pelo de gato es bueno,...compro pinceles de fábrica y se salen sus pelos rápido'.* Le pregunto sobre sus productos: *"Los cofres los he visto de piedra y se me ha ocurrido hacerlos de cerámica, las lámparas existen pero planas... yo las arreglo con diseños en alto relieve de serpientes..., los choclos los he visto en piedra... yo hago de cerámica... la máscara para pared y que es lámpara también es mi creación y es del molde de la cara de un amigo del CEO',* cuenta sonriendo y observa con cariño a los choclos de cerámica orgulloso de sus productos.

'Saqué copias de libros de cerámica de una compañera chilena del CEO... ella quiere que vaya a Chile a trabajar pero es arriesgado. Tendría que empezar de nuevo. En Cusco no hay publicaciones de cerámica, si hubiese me compro, los profes no te prestan sus libros porque son celosos. Voy a

internet para sacar datos sobre cerámica, ya lo hice de hecho, ahora pienso sacar e-mail'. Ahora recuerdo que un día me pidió prestada la computadora para visualizar datos sobre alfarería que había grabado de una página web.

He visto sus productos en otros lugares pero no en Tambomachay y me sorprende que los comuneros no venden su artesanía. Iván explica este hecho: *'Los de Tambo no me compran porque hay envidia. De otros sitios me compran... Los de Pucara me compran y mi papá vende en las ruinas... Cuando no hay salida aquí vendo en Cusco... además los turistas que pasan por la comunidad me compran'.*

Iván también recuerda sus inicios de artesano: *'Cuando yo era pequeño, con Daniel usé el horno que dio como capacitación una ONG....la señora Ruth Morvelí y el profe Morvelí... Todos en la comunidad se capacitaron para hacer artesanía, pero sólo Daniel y yo hicimos durante las noches unos castillos en mi casa... quemamos sólo una vez en el horno de la comunidad... y todos se quejaban... y decían que por qué sólo nosotros quemábamos... Creo que querían cobrarnos... lo hacían por envidia...no sé porque ellos no quemaban también'.*

'Dejamos de quemar porque ellos hablaban mal de nosotros, éramos pequeños y lo que hablaban hizo que dejáramos de trabajar'.

Parece que Iván no siempre fue un proactivo, de niño sufría de egocultura reactiva y se dejaba condicionar por las condiciones sociales y la envidia de los comuneros de Tambomachay. Iván agrega: *'El trabajo en artesanía me permite vivir mejor, desde que laboro en esto vivo mejor, tengo más plata para ahorrar y compro mis cosas... en Tambomachay sólo yo hago artesanía'*

Marcelo

Dieciocho años y soltero. Antes vendía en las ruinas pero dejó de hacerlo. Ahora está dedicado a elaborar tallados en piedra y cuando hay 'una chambita' lo hace para ganar un dinero adicional.

'Yo tenía quince años cuando empecé a hacer artesanía... aprendí solo... mirando no más'. Ante el cuestionamiento del por qué de su abandono de la venta de artesanía en las ruinas, Marcelo contesta: *'Vendí artesanía abajo por un año no más... me aburría allá, y se vende poco... estaba todo el día y no compraban los turistas... en estos meses de enero a marzo no vendo porque no hay venta... Hago tallado en piedra que me enseñó Iván... él me enseñó sólo a hacer búhos... después aprendí solo a hacer otras cosas mirando a los vendedores y artesanos del Cusco que venden abajo'*

Parece reactivo Marcelo, pero aclara ´*...me he capacitado a los catorce años en hacer invernaderos para sembrar tomates, hortalizas, así..., pero no lo hice porque es caro... los materiales como plástico transparente cuesta 10 soles el metro. La capacitación lo hice porque me dijo el padre Zavala a través del presidente de la comunidad´.* En una oportunidad Marcelo no fue a una capacitación en Arequipa con todos los viáticos pagados porque se levantó tarde. Creo que fue en noviembre del año 1998. También iba a ir Iván aquella vez pero tampoco fue. Marcelo explica: *´Mejor hago ahora tallados porque es mejor, gano más y quiero hacerlo para ganar dinero. Quiero ganar más plata y terminar mi secundaria en la nocturna... es difícil porque tengo que dormir en Cusco y llego cansado a clases. A veces no puedo bajar y el profe me castiga... pero ya voy a terminar mis estudios. Todos los días trabajo en mi casa para tallar la piedra que mi hermano vende en las ruinas. Tengo que mejorar a tallar, y debo hacer más... más rápido. De mi cabeza saco los tallados...´*

Marcelo no disfrutaba con la venta en las ruinas y se dejaba condicionar socialmente por la falta de venta a los turistas. Era reactivo, pero ahora ha decidido elaborar tallados en piedra y lo hace con decisión porque necesita hacerlo. Ya no tiene quejas y trabaja todos los días. Tal vez era sólo cuestión de encontrar un trabajo adecuado y acorde con las preferencias personales.

DECISIONES AJENAS
ARTESANOS REACTIVOS

Frida

Frida es tímida y temerosa. Guapa mujer soltera y sin compromiso de veintitrés años. Siempre me saluda con una sonrisa ingenua y tiene tanta gracia al caminar que es un misterio hecho mujer. Ella no iba a vender en tiempos de conflicto. Esperó los acontecimientos y cuando ya los comerciantes del Cusco estaban agotados de insultar a sus vecinas, ella recién se animó a ir a vender. Un día apareció con un bulto, colocó su plástico azul y empezó a comerciar. Mejor dicho empezó a esperar a que algún cliente se le acercara. A diferencia de otras comuneras, ella sólo espera bajo el sol, bajo la lluvia y bajo las nubes. Tiene muy poca mercadería y muchas veces no va a vender porque debe hacer otras cosas ´importantes´: acompañar a alguien al Cusco porque se lo piden o cuidar de algún sobrino en lugar de llevarlo a vender como lo hacen las madres de familia.

´Si el INC dice que no podemos vender, yo no vendo. No me gusta tener problemas… a veces no vengo porque no hay venta… los días domingos no hay venta… así que no bajo… en estos días han subido los turistas pero no compran, qué puedo

hacer… esperar no más. No hay plata para más mercadería, sólo vendo para los gastos… sólo espero que alguien me compre...'

Frida se cubre la cabeza con su chompa porque el sol es abrazador. Sentada lejos de su puesto, conversa con algunas colegas. Cuando vienen los turistas ella no se acerca a ofrecerles como hacen casi todos los comerciantes, ella sólo mira y sólo espera.

Watson

'Hoy no voy a vender porque se han quejado de que yo no estoy empadronado… y que no puedo vender… debe ir mi papá'. Se lamenta Watson de quince años.

Quien está empadronado es su padre, pero no va a vender porque prefiere que su hijo vaya mientras él toma su licorcito. El padre de Watson es alcohólico y siempre tiene problemas con los demás comuneros. Es uno de los pocos en su generación que queda, el resto de sus coetáneos ya murió. Todos ellos se reunían años atrás para beber, contar chistes y para llorar.

Watson tiene miedo a los vigilantes del INC, y éstos al percibir este temor, le ordenan que realice algunos mandados. Watson deja de vender y se retira de las ruinas cuando algún otro comerciante le increpa por alguna nimiedad sin importancia.

Muchas veces cuando algún cenicero u otro producto está roto, él siempre quiere venderlo de todas maneras. Cuando vienen los comerciantes mayoristas a ofrecer sus productos, Watson, al igual que sus padres, sólo escoge lo más barato, sin importarle el color, la forma o la calidad. Muchas veces no vende porque no tiene mercadería y todo lo que gana se lo da a su padre. Por supuesto retiene su comisión aunque no sea autorizada. El padre de Watson no ahorra, no capitaliza, sólo está interesado en comprar algo de comer y algo de beber. Watson es su hijo y como tal tampoco ahorra ni capitaliza. Gasta su dinero en galletas, en gaseosas y en puerilidades. Voy a buscarlo a las ruinas seguidamente y él no está allí. Más tarde lo encuentro jugando con sus amigos. Sólo después de haber terminado de divertirse regresa a las ruinas a recoger su bulto. Parece que para mi amigo Watson, la vida social lúdica es más importante que la subsistencia.

VIVIR MEJOR PARA VIVIR MEJOR
DESARROLLOS HUMANOS INDIVIDUALES DE LOS
ARTESANOS

Iván

'Debo cumplir un pedido por lo que no voy a la faena comunal...' Las condiciones sociales son importantes, pero más importante es uno mismo afirma Iván quien trabaja todo el día y quien después de cumplir sus deberes se dedica a hacer lo que más le gusta: reunirse con sus amigos a jugar fútbol en el pueblo cercano de Hayllarccocha, después tomar unas ´cervecitas´, disfrutar de una frutillada o chicha y pedirse unos extras en el restaurante de doña Hilda para matar el hambre. Iván tiene muchos amigos en Huayllarccocha porque su mujer es de allí. O al revés, su esposa es de allí porque sus amigos son de Huayllarccocha. Muchas veces lo han ´jurcado´, es decir le han pedido colaboración económica para las fiestas patronales, y él, a diferencia de muchos otros, cumple con su promesa.

Los días sábados va de compras al Cusco. Regresa con muchas cosas para su bebé, el engreído de la casa. Es fácil observar sobre lo bien cuidado que se encuentra su hijo: la calidad de su ropa, sus alimentos y sus juguetes. Cuando lo visito, su hijo siempre tiene un muñequito, una sonaja, y bien sentado sobre su cochecito sonríe y produce algún sonido gracioso. La esposa de

Iván se preocupa por la salud de su hijo y por eso las medicinas no faltan en la casa. Ella ha visitado al médico para controlar su embarazo y ahora visita la posta para controlar el desarrollo de su hijo.

De vez en cuando van de paseo con su bebé, a la ciudad, al campo, al señor de Huanca y a otros lugares. Pueden comprar algunos caprichos siempre que estén a su alcance. Iván forma parte de un club de fútbol, tiene su propio uniforme y asiste a las reuniones, a las parrilladas que organizan y a las polladas de otros clubes rivales.

Le han propuesto trabajo desde que labora en artesanía. Algunos compañeros del CEO donde se capacitó en artesanía quieren hacer sociedad con él. Una amiga chilena quiere que él vaya a su país para iniciar un taller también, pero Iván parece confiar sólo en él mismo y en sus capacidades. Desea ampliar su empresa y exportar y para estos propósitos se matricula en todos los cursos que puede y así mejorar la calidad de su producto.

Nunca faltan insumos en su taller ni instrumentos y él tiene todo el mobiliario mínimo necesario. Por supuesto que aún se necesita tantos instrumentos para que el taller esté completo, pero Iván está ahorrando para mejorar la tecnología de su centro de elaboración.

Nuestro artesano visita a sus suegros casi todos los fines de semana. Ellos viven en Huayllarccocha, y como buen yerno, Iván ayuda un poco a sus padres políticos. El mobiliario de su casa es mejor que el de los demás comuneros. Iván tiene su televisor, algo muy escaso por esta zona. Sus puertas son de fierro, su casa es de dos pisos y su vestimenta es aceptable para el clima frío imperante. Cabe señalar que la mayoría de los comuneros viste ropas demasiado ligeras para el clima frígido de Tambomachay.

Yoni

´*Ahora voy a ahorrar para estucar mi casa y entablillar el piso… pero pienso ahorrar en un año todo lo que pueda...´* Yoni es huérfana y se mantiene sola. Ella ha construido su propia casa con sus propias manos y con la ayuda de sus vecinos. En el techado de su casa o wasichakuy, Yoni preparó el almuerzo y la cena e invitó mucha cerveza para todos los invitados. Se endeudó, pero al final cumplió con sus pagos poco a poco. Gracias a la venta de artesanía ha cambiado su pequeña casa de un solo cuarto y techo de paja que ahora sólo le sirve de cocina por una casa más grande de dos habitaciones y con techo de tejas. Yoni compra sus libros para ir a la escuela y tiene muy buenos útiles escolares. Aunque con dificultad, logra pagar sus estudios. Le gusta ir a los paseos y todos los años va a visitar al señor de Huanca quien es un símbolo religioso y que muchos de sus vecinos no pueden visitarlo. Ella es socia de la comunidad e integrante de la asociación de los Ayllus del Inca. Me dice que cuando vende artesanía tiene dinero para curarse con medicamentos y ya no con yerbas como lo hacía cuando no trabajaba en las ruinas.

Puede recibir sus visitas en su casa porque puede ofrecer hospitalidad y alimentos. Cuando llegan al Cusco los circos, ferias, o los juegos mecánicos, Yoni lleva a sus sobrinos para que se diviertan. Le han ofrecido trabajo en Cusco porque según dice Yoni, la gente ve que ella es trabajadora en las ruinas donde vende su artesanía. Debe ser cierto porque su vitalidad y energía son fáciles de sentirlas.

Yoni es muy productiva y todo el día está activa haciendo alguna tarea. Tiene una cantidad de ropa mucho mayor que el promedio de las artesanas de la comunidad y no le falta su abrigo para protegerse del frio. Ella es madrina de varios infantes y de vez en cuando les compra regalos y golosinas. Cuando Yoni adquiere sus productos en Cusco puede escoger mejores calidades aunque cuesten más.

Marcelo

Menciona Marcelo que cuando él vendía en las ruinas no disponía de mucho dinero porque en realidad no trabajaba todos los días debido a que se aburría allá abajo: ´*…antes no tenía plata porque no me gustaba trabajar vendiendo, no me gustaba… me aburría… y no me gustaba que los otros artesanos me digan algo… Ahora que hago piedra tallada, lo hago todos los días… y tengo plata para comprarme mis cosas así…*´

Marcelo asiste a las fiestas, a las parrilladas, va de vez en cuando a comprar al Cusco y sus antojos los satisface con un pollo a la brasa, con un salchipapas o con un choclo con queso. Cuenta a sus compañeros de la comunidad que las cosas que él degusta en Cusco son muy agradables: ´*…rico había sido el choclo con queso…*´

Ahora tiene varias opciones de trabajo, ha conocido varios colegas de artesanía y le han propuesto estudios y otros trabajos que realizar. Gusta de participar en campeonatos de fútbol, así que consigue armar un equipo, paga la cuota de inscripción, se compra sus chimpunes y contento se va a jugar los días domingos. Bueno, a veces regresa un poco triste porque su equipo pierde, pero al menos él puede participar en un torneo, algo que otros no logran hacerlo debido a la falta de dinero.

Marcelina

Mi vecina Marcelina quien vive en frente de mi cuarto de Tambomachay engríe a sus pequeños bebés de una forma muy especial. Siempre les compra yogurt, galletas y frutas. Ella siempre me comenta que en los días que se olvida de comprar algo, no porque le falte dinero ya que siempre vende algo, sus hijitos lloran. Ella está acostumbrada a ir los sábados al mercado conocido como 'baratillo' del Cusco, allí compra algunos enseres para la casa y algunos caprichos. Hace unos días terminó de construir su habitación cocina la cual presenta una nueva cocina de barro o concha como lo llaman. Es muy espaciosa y allí pueden cenar varias personas, seis o siete comensales. En su cocina no le faltan utensilios, ni platos, ni ollas, Marcelina tiene todo lo necesario.

Compra bastante mercadería para vender y ahorra lo suficiente para los gastos de salud de sus niños. Su vivienda es grande y también está criando a su sobrino. Marcelina asiste a las reuniones de comunidades vecinas y de la propia comunidad. Esto lo hace gracias a que dispone de dinero de la venta de artesanía. Su esposo por ahora no tiene trabajo porque las lluvias paralizan todas las obras de construcción en la ciudad del Cusco. Ella trabaja mucho y tiene otras oportunidades de trabajo en la ciudad pero prefiere vender artesanía en las ruinas porque está muy cerca de su casa y porque le permite cierta independencia.

Marcelina viste con variadas ropas a sus hijos y ella también se abriga lo suficiente para no resfriarse. Posee varios pares de zapatos lo que llama la atención aquí porque la mayoría de comuneros caminan con ojotas o con calzado muy deteriorado.

Vincenza

Los dos hijos de Vincenza van a la escuela en Cusco. Son muy simpáticos y muy traviesos. Ella los viste y les compra sus útiles con sus ahorros de la venta de artesanía. Vincenza puede tener regularmente bien surtida de artesanía su puesto de venta en las ruinas y una vez por semana va al Cusco a comprar productos de pan llevar. Ella dice que para hacer esto busca en los mercados los productos que le parecen mejores que en los otros lugares visitados por los otros comuneros como el mercado de Rosaspata el cual ella no visita muy seguido porque dice que allí no hay buenos productos.

Tarantino

'Ven a mi casa este sábado… voy a techar… he invitado a unas amigas de Pisaq, ellas van a venir…' Me dijo meses atrás invitándome, e incitándome, a su fiesta de wasichakuy mi buen amigo Tarantino. Él vive ahora sólo porque ya tiene al fin su casa propia. Su casa es de una sola habitación y su cocina está en la parte externa de la casa pero cubierta con un

alerón. Cuando permanece en casa haciendo alguna labor, Tarantino escucha música en su radio y por las noches se queda dormido mirando su telenovela favorita en su televisor.

Tiene los suficientes muebles para estar relativamente cómodo: una silla, una mesa, una cama, un ropero y una cómoda. Tarantino es un fanático del fútbol y tiene vestimenta completa de arquero, su pelota, sus botines, y varias camisetas de diversos clubes profesionales. No se pierde ninguna fiesta de la comunidad, él es muy sociable y siempre invita una ´chela´ a los amigos. Va muchas veces al año de paseo y le gusta particularmente ir a Pisaq porque allí tiene algunas amigas. Tarantino algunas veces va al Cusco a comer un cebiche o a una picantería para darse su gusto. Le gusta recibir buenas visitas en su casa y siempre tiene algo agradable para invitar a sus huéspedes.

Frida

La tía Frida, como le dicen, me recibe varias veces a la semana en su casa. Me invita la cena, el almuerzo o ambos. Frida es una persona frugal, tímida y pasiva. No conversa mucho con los turistas y sólo se ríe cuando le dirigen la palabra. Casi siempre está en casa pasando el tiempo sin asistir a reuniones. Su casa es muy modesta en relación a los demás comuneros. Ve la televisión en la casa de su hermana porque ella no puede comprarse una.

Frida viste ojotas y siempre se la observa con el mismo vestido. Raras veces va al Cusco y si lo hace es para acompañar a alguna amiga que va de compras. Ella no tiene muchos ingresos económicos, no vende mucho porque no llama a los clientes, no genera ventas y porque es muy infrecuente en su puesto de venta que la mayoría de las veces está cerrado. Frida no compra mucha mercadería para vender y no ahorra porque lo poco que gana está destinado a su alimentación. Yo la encuentro muy poco en la comunidad porque ella acostumbra visitar todos los días a algún pariente. Nadie la visita, es ella quien visita a muchos.

Watson

Rebelde, juguetón, travieso y a veces malcriado. Watson sólo puede comprar algunas golosinas algunas veces. No asiste a parrilladas, a fiestas, ni a reuniones. En noches de lluvia y en noches de frío Watson siempre se para fuera de la casa donde se realiza alguna reunión o fiesta por algún cumpleaños o techado. Se apoya en la pared externa y tiembla de frío. Viste escasa ropa muy desgastada, ojotas y espera que el anfitrión le invite algún plato de comida.

Watson no participa en torneos de fútbol a pesar de que disfruta con este deporte porque no tiene dinero para la cuota de inscripción. Siempre se presta dinero para poder comprar mercadería y así tener algo para vender. Cuando se enferma, Watson se diagnostica solo, se receta solo y se cura solo con yerbas medicinales. Si Watson está mal de la garganta se empapa el cuello con sus orines y se acuesta esperando despertarse sano al día siguiente.

CONCLUSIONES DE CAPÍTULO

En realidad, la mayoría de los datos empíricos se ha obtenido a través de la observación participante y de la observación 'psicológica'. Para lograr este objetivo con cierto grado de certeza es necesario también una cierta preparación básica en Psicología, materia que no se enseña en la Escuela de Antropología de la Universidad de San Antonio de Abad del Cusco. Esto es obviamente una carencia que se debe corregir. La necesidad de estos tipos de observación se debe a que la naturaleza de los procesos observados, la egocultura reactiva y proactiva, contienen actitudes, predisposiciones, valores y sentimientos relacionados con la responsabilidad, la iniciativa, las decisiones y con el entorno medioambiental y social. En consecuencia se debe observar los datos de interés a través de sus manifestaciones visibles y sensoriales pero que en realidad no se encuentran en este plano de la realidad sino que más bien se hallan ocultos detrás de una máscara.

Los datos cuantitativos lo he analizado de una forma relativa debido a la imposibilidad de un tratamiento estadístico. Son sólamente ocho comuneros los estudiados cuyos procesos conforman las variables de estudio. Por este motivo los niveles de todas las variables se han ordenado en relación de unos artesanos con otros artesanos. La utilización de los niveles alto, medio y bajo parece que adolece de mucha arbitrariedad y subjetividad por lo que es necesario crear herramientas de trabajo con cualidades más precisas. Yo he considerado que los artesanos que presentan mayor intensidad y mayor recurrencia en los indicadores respectivos y en relación a otros comuneros artesanos estudiados son los que manifiestan mayor nivel relativo respectivo. Así, por ejemplo, si alguien responde a mayor número de indicadores en el nivel de desarrollo humano que algún otro es porque goza de mayor nivel en dicho indicador. Todos los niveles en el presente estudio son relativos de unos artesanos con otros. Sobre todo es importante aclarar la relatividad de los niveles con respecto a los desarrollos humanos individuales, si algún artesano presenta un mayor nivel de desarrollo humano significa que su nivel es mayor que otros artesanos y no significa que su desarrollo humano es óptimo. En la realidad todos los niveles de los desarrollos humanos de los comuneros de Tambomachay son muy bajos debido en gran parte a las políticas corruptas de injusticia, exclusión y abusos de todos los gobiernos peruanos.

Los datos cualitativos se han evaluado con mucha dificultad. Su procesamiento ha sido arduo debido a que detectar las categorías de estudio en un mar de datos para clasificarlas y agruparlas es complicado y requiere de un nivel interpretativo semiótico muy preciso. Existen muchas formas distintas de decir, de pensar, de vivir y de hacer lo mismo, así por ejemplo, la categoría de egocultura reactiva y su concepto concreto presente en la práctica en los artesanos de Tambomachay se puede contrastar con múltiples grupos de datos que aparentemente parecen ser distintos para finalmente detectar un patrón regular recurrente.

Capítulo III

ANÁLISIS

Para poder realizar el análisis de los datos obtenidos utilizaremos primero el siguiente cuadro que sintetiza los resultados de las variables presentes en cada uno de los artesanos estudiados de Tambomachay. Para comprender esta parte del análisis es necesario revisar y controlar los datos de cada artesano estudiado en el capítulo dos y así evitar repeticiones innecesarias en la redacción. Seguidamente interpretaremos los datos frente a las preguntas e hipótesis del presente estudio.

Variables Comuneros Artesanos	A. Características de egocultura proactiva en relación a la elaboración de artesanía	B. Características de egocultura proactiva en relación a la venta de artesanía	C. Nivel de egocultura proactiva en relación a la elaboración de artesanía	D. Nivel de egocultura proactiva en relación a la venta de artesanía	E. Características de egocultura reactiva en relación a la elaboración de artesanía	F. Características de egocultura reactiva en relación a la venta de artesanía	G. Nivel de egocultura reactiva en relación a la elaboración de artesanía	H. Nivel de egocultura reactiva en relación a la venta de artesanía	I. Nivel de desarrollo humano individual de artesanos productores	J. Nivel de desarrollo humano individual de artesanos comerciantes	K. Nivel de desarrollo humano de artesanos productores y comerciantes
Iván	Decisiones, iniciativa, responsabilidad		Alto		Condiciones medioambientales y sociales ***		Bajo		Alto		
Yoni	Decisiones, iniciativa, responsabilidad	Decisiones, iniciativa, responsabilidad	Alto	Alto	Condiciones sociales		Bajo	Bajo			Alto
Marcelo	Decisión		Medio				Bajo		Medio		
Marcelina	Decisión, iniciativa	Decisión, iniciativa	Alto	Alto			Bajo	Bajo			Alto
Vincenza	Decisión	Decisión	Medio	Medio			Bajo	Bajo			Medio
Tarantino		Decisión, iniciativa	Alto					Bajo		Alto	
Frida			Bajo	Bajo	Condiciones sociales	Condiciones sociales	Alto	Alto			Bajo
Watson				Bajo		Condiciones sociales		Alto		Bajo	

Lectura del cuadro:

En la primera fila horizontal se ubican las variables estudiadas. En la primera columna vertical de la izquierda están establecidos cada uno de los comuneros artesanos. Se han llenado los cuadros pertinentes según los datos recogidos y presentados en el capítulo dos por lo que algunos cuadros aparecen vacíos naturalmente. Los valores de alto, medio y bajo son relativos y se basan en comparaciones entre los comuneros artesanos de Tambomachay.

Iván (productor):

Sus resultados se visualizan en la segunda fila del cuadro. Basándonos en sus datos, Iván manifiesta características de egocultura proactiva en la elaboración de artesanía basadas en responsabilidad, decisión e iniciativa. Efectivamente él es un innovador, se preocupa por la calidad de sus productos y tiene como proyecto de vida ampliar su taller de artesanía demostrando decisión, responsabilidad e iniciativa (ver sus datos en el capítulo dos). Debido a que responde con mayor frecuencia e intensidad a los respectivos indicadores que los demás artesanos podemos afirmar que Iván tiene un alto nivel de egocultura proactiva en la elaboración de artesanía como lo indica el cuadro respectivo de la segunda fila y cuarta columna. Debido a que Iván trabaja poco con arcilla fría en días húmedos y a que cuando era niño no utilizó el horno comunal por la presión social, he colocado asteriscos en el cuadro que trata sobre las características de egocultura reactiva denominadas condiciones sociales y medioambientales, pero como su intensidad es mínima y una pertenece al pasado entonces considero a Iván un proactivo de todos modos. Su nivel de desarrollo humano es alto debido a que goza de un bienestar relativamente alto en la comunidad si se compara con los otros artesanos comuneros. Cabe señalar que en términos más amplios y en relación a los niveles regionales, nacionales y mundiales, todos los comuneros sufren de un desarrollo humano precario, pero en la presente investigación lo que nos interesa es compararlos entre ellos.

Yoni (productora y comerciante):

Como ella elabora y vende con las mismas características, en ambos casilleros sobre las características de egocultura proactiva expone lo mismo. Sus características son decisión, responsabilidad e iniciativa. En efecto ella hace lo que decide, toma la iniciativa y es una mujer responsable en todo sentido. Su intensidad es alta respecto a los otros artesanos estudiados por lo que revela un nivel relativo alto. Su nivel de egocultura reactiva es bajo y además no se le ha detectado ninguna ´reactividad´ en su egocultura en el presente trabajo de campo. Sobre la base de los datos se puede afirmar que su desarrollo humano relativo es alto. Ella vive una existencia más plena y con mejor bienestar que los demás.

Marcelo (productor):

La egocultura proactiva de Marcelo se basa principalmente en la decisión. No revela regulares características de responsabilidad e iniciativa. Él desea y lucha por sus objetivos, pero no crea nada nuevo ni tiene habilidad para elegir la respuesta adecuada ante los problemas. Por lo tanto su nivel de egocultura proactiva es ´relativamente medio´. Su nivel de egocultura reactiva es bajo porque no expone las características propias de la egocultura reactiva. Debido a su bienestar y calidad de vida relativos en comparación con los otros artesanos, Marcelo presenta un desarrollo humano medio. Recordemos que Marcelo presentaba egocultura reactiva cuando vendía en las ruinas pero ahora que produce cambió totalmente.

Marcelina (productora y comerciante):

La señora Marcelina goza de decisión e iniciativa como características de egocultura proactiva para vender y para elaborar artesanía. Lamentablemente, la responsabilidad en ella es casi nula y no sabe qué hacer ante problemas de falta de demanda. Sin embargo, a Marcelina se le ocurren estrategias de venta que funcionan y además realiza sus ahorros con mucho sacrificio. Sus niveles de proactividad son altos en relación a los demás artesanos. A pesar de no presentar responsabilidad relevante, su iniciativa y decisión son tan fuertes que Marcelina logra un nivel superior. No presenta reactividades en su egocultura por lo que sus niveles de egocultura reactiva son bajos. Sobre la base de los datos de Marcelina y en relación con los demás artesanos podemos afirmar que su nivel de desarrollo humano es alto.

Vincenza (productora y comerciante):

Vincenza muestra solamente decisión preponderante en sus egoculturas proactivas para la venta y para la elaboración de artesanía. De hecho ella se mentaliza para obtener resultados pero sin imaginación ni respuestas hábiles ni concretas. Los niveles de egoculturas proactivas de Vincenza son medianos de acuerdo con sus datos y sus niveles de egoculturas reactivas son bajos debido a la falta de características recativas en ella. Finalmente podemos concluir que según lo observado su desarrollo humano relativo es medio.

Tarantino (comerciante):

La egocultura proactiva que exterioriza Tarantino se basa en decisiones e iniciativas y su nivel es alto debido a su gran constancia e intensidad. Tarantino siempre tiene energías para trabajar y para mejorar la venta de artesanía en el sitio arqueológico de Tambomachay a pesar de los innumerables obstáculos que deben soportar los artesanos comuneros. Su egocultura reactiva es baja en nivel porque no se ha descubierto evidencias de su importancia. Gracias a su esfuerzo en su trabajo, Tarantino revela un alto nivel de desarrollo humano en relación a los demás artesanos de Tambomachay.

Frida (productora y comerciante):

Frida no presenta egoculturas proactivas por desgracia así que su nivel es bajo en esta variable tanto para la venta como para la elaboración de artesanía. Frida se caracteriza por dejarse condicionar por el medio social que la rodea y permite que otros determinen su vida. Consecuentemente, sus egoculturas reactivas se basan en gran medida en las condiciones sociales. Sus niveles de egoculturas reactivas son altos tanto para elaborar artesanía como para vender artesanía. El desarrollo humano relativo que manifiesta Frida es bajo en relación con los desarrollos humanos de los demás artesanos de la comunidad de Tambomachay. Frida no participa plenamente en la comunidad y subsiste gracias al apoyo de sus familiares quienes ayudan a ella con mucha generosidad.

Watson (comerciante):

Su nivel de egocultura proactiva para la venta de artesanía es bajo porque no demuestra ni decisión, ni responsabilidad, ni iniciativa en sus quehaceres comerciales. Lamentablemente su trabajo en la venta se basa en las condiciones sociales con mucha intensidad por lo que su respectivo nivel de egocultura reactiva es alto. Debido a su escaso bienestar relativo, Watson presenta un nivel de desarrollo humano bajo en comparación con los demás artesanos de Tambomachay.

Análisis de los datos frente a las preguntas generales y las hipótesis de estudio.

Las características de las egoculturas proactivas de los artesanos comuneros de Tambomachay se basan en los tres componentes: decisiones, iniciativas y responsabilidades, pero es mucho más frecuente e intensa la decisión. Es más, como podemos constatar todos los artesanos con egocultura proactiva revelan una característica constante: la decisión. Esto se debe a que los comuneros de Tambomachay en general no tienen muchas alternativas qué elegir para poder subsistir debido a la realidad social, política y económica del Perú. Sus posibilidades de trabajo son pocas y además, debido al contexto sociocultural andino, a residir cerca del sitio turístico arqueológico de Tambomachay y debido a que los comuneros perciben las potencialidades del negocio de la artesanía como natural dentro de su cultura, ellos descubren que el comercio de artesanía es una buena alternativa y es una ventaja comparativa y competitiva: el centro de trabajo esta cerca de sus casas y ellos son comuneros y campesinos que viven aquí en la comunidad de Tambomachay del mismo nombre que las ruinas por lo que ellos tienen más derecho y más autenticidad que otros para comerciar con los turistas. Esta gran posibilidad con todas esas ventajas se tiene que concretar porque es un derecho natural. Por todo esto los comuneros artesanos deben insertarse decididamente en este trabajo para poder lograr sus objetivos. Si dudan y no persisten en su lucha por la vida se inundan de debilidad en el mundo de carencias impuesto por los sucesivos gobiernos peruanos ineficientes y encontrar otra alternativa de trabajo con tantas ventajas es muy difícil en el mercado laboral de la vecina ciudad del Cusco. Recordemos que la calidad de vida de los comuneros es muy precaria en términos absolutos desde una perspectiva ideal y universal. Es bueno advertir ahora que si he considerado dar niveles altos en algunos desarrollos humanos individuales es porque son términos relativos solamente.

Cuando los malos gobiernos como los del Perú no tienen adecuadas políticas sociales ni económicas entonces toda persona carece de muchos recursos útiles para alcanzar su bienestar y debido a esto apuesta todo a su voluntad, coraje y fuerzas decididamente. Sólo de esta forma se puede obtener más dc lo que se desca.

Otra característica que sobresale es la iniciativa en la elaboración y en la venta de artesanía. En un mundo competitivo como el de la artesanía, se debe tener iniciativa y creatividad para ofrecer mejores productos que la competencia. Como existen tantos talleres de artesanía y como son tantos los comerciantes en un espacio tan pequeño como lo es el sitio arqueológico de Tambomachay, los comuneros artesanos de Tambomachay deben procurar que sus productos sean demandados más en relación al resto de concurrentes. Sin iniciativa, sin estrategias de venta y sin nuevas creaciones en la cerámica no se logra mayores ventas. Por otro lado, como los turistas están incómodos con las ofertas que les proponen en todo lugar turístico que visitan, se debe idear nuevas formas para llamar su atención y así poder venderles. Por este motivo iniciar una conversación o ser simpáticos ante ellos para que se aproximen al puesto de venta es crucial para poder ofrecer y vender los productos. Sin iniciativa no se vende.

La responsabilidad, es decir, la habilidad para elegir la respuesta ante problemas es la menos frecuente entre los artesanos con egocultura proactiva. Pienso que la razón es que los artesanos de Tambomachay no han sido capacitados para trabajar con mayor eficiencia en la venta y en la producción de artesanías. Iván, quien sí recibió capacitación, revela responsabilidad y sabe cómo solucionar alguna falta de calidad en su cerámica y conoce técnicas para producir con mejor calidad y en mayor cantidad. También Yoni está preparada a pesar de que ella no recibió capacitación formal y tal vez ella haya aprendido a responder con mayores recursos de otra manera. Es comprensible que una persona no capacitada para realizar algún oficio tendrá menos soluciones ante los problemas que se le presentan y por lo tanto será menos responsable de sus actos debido a que no es consciente de las consecuencias de su actividad. Durante una capacitación los estudiantes reciben muchas herramientas para la toma de decisiones y así poder responder mejor ante las dificultades. Si los comuneros no han sido capacitados entonces no conocen dichas herramientas que existen pero que ellos ignoran. Todos los comuneros artesanos de Tambomachay desean en el futuro capacitarse en talleres o en institutos como hemos visto porque saben o intuyen que van a aprender nuevas y mejores formas de trabajar. Por el momento los artesanos quieren vender más y quieren ganar más dinero pero no saben cómo hacerlo porque les falta capacitación.

Las consecuencias positivas para el desarrollo humano de la egocultura proactiva es visible. Vemos que los artesanos con mejores niveles de desarrollos humanos relativos son todas personas proactivas. Y tengo la certeza de que la relación de las dos variables es directa y de que no existen otras causas identificables de los mejores niveles relativos de desarrollos humanos. Esto se debe a que vivir en una comunidad campesina y marginada, sin respeto por sus derechos, sin acceso a beneficios de educación, salud, trabajo y ubicada en tierras y geografías adversas debido a que las mejores tierras se usurparon en tiempos pasados, significa estar rodeado de condiciones sociales y medioambientales muy duras y adversas. Si un comunero se deja condicionar por estas realidades que le son tan restrictivas y mucho más graves que las condiciones sociales y medioambientales de un urbano, entonces sufrirá severas consecuencias. Para liberarse de este entorno tan nocivo, la manera de vivir individual o egocultura proactiva basada en decisión, iniciativa y responsabilidad es efectiva, funciona y supera dichas restricciones. El resultado es una mejor calidad de vida o desarrollo humano.

Con el mismo razonamiento anterior podemos explicar la egocultura reactiva y sus consecuencias para el desarrollo humano. Los artesanos reactivos de Tambomachay se dejan condicionar por el medio social y no por el medio ambiente. Esta característica sobresaliente de su egocultura reactiva se debe a que los comuneros están habituados a las inclemencias del clima y de la topografía. La lluvia, el frío y el barro son tan naturales en su mundo que los observadores externos se sorprenden al verlos trabajar bajo un aguacero. De hecho son las condiciones sociales la característica que impera en la egocultura reactiva y aquí también existe un problema de autoestima: los comuneros reciben mensajes negativos desde pequeños. Los comuneros por su condición de campesinos en un país de ciudadanos privilegiados y que desprecia al campo y a su gente, no disfrutan de beneficios, de derechos, de servicios del estado ni de infraestructura básica, y obviamente por estos motivos sus ventajas y oportunidades para vivir mejor son mucho menores. Los comuneros no reciben educación adecuada en las escuelas, no tienen facilidades para instruirse, son marginados, carecen de comunicaciones y de servicios de salud, no tienen buenos ingresos y sus saludes son muy descuidadas. En consecuencia los comuneros visten ropas viejas e inadecuadas, sus cuerpos adolecen de enfermedades evitables, tienen maneras diferentes y así son vistos con desprecio. Los resultados: son insultados constantemente, internalizan que son inferiores, se dejan condicionar socialmente, dejan que otros decidan sus vidas y no creen que tienen las fuerzas suficientes para poder cambiar sus adversas realidades socioeconómicas.

Todo lo anterior obviamente conduce a un desarrollo humano muy bajo. Si el artesano se deja condicionar por la sociedad urbana que es su enemiga, que no se interesa por él, que lo ve como un estorbo o como un instrumento, entonces sencillamente sufrirá consecuencias dañinas para su bienestar, para su calidad de vida y se reducirá su desarrollo humano individual.

La firme decisión de continuar como sea con la poca opción que se tiene para ganar dinero es la mejor arma de los artesanos comuneros debido a sus inapropiados niveles educativos. La responsabilidad e iniciativa son características propias de la egocultura proactiva más complejas y requieren de capacidades que se adquieren en centros de estudios que son casi inaccesibles para los comuneros. Para tomar una apropiada iniciativa en la apertura de un negocio de artesanía tanto para la venta como para la producción se debe haber aprendido técnicas de marketing, de diseños, tecnología para hornear la cerámica, estrategias de publicidad y muchas otras técnicas y conocimientos. Si los comuneros hubieran sido capacitados apropiadamente, ellos habrían utilizado al máximo sus decisiones y sus voluntades. Estas voluntades siempre las dirigen para ganar más dinero porque son conscientes de que con mayores ingresos económicos vivirán mejor. Casi todas las actividades que se desenvuelven en la comunidad y que se caracterizan por ser tenaces, irreductibles, vehementes y decisivas, están relacionadas con gestiones y procesos destinados a tener mejores oportunidades de trabajo, mayores ingresos y mejores condiciones de vida.

Solamente dos artesanos sufren de egoculturas reactivas mientras que los seis restantes gozan de egoculturas proactivas. Estoy seguro de que la presencia de la proactividad en las maneras de vivir se puede generalizar a casi todos los artesanos y a casi todos los comuneros de Tambomachay. Cuando observamos desde el exterior o entorno a los comuneros de Tambomachay sin considerar su realidad propia o interno, es decir sin considerar sus capacidades, sus carencias y sus historias de vida, entonces creemos que ellos no hacen ciertos deberes que deberían hacerse porque simplemente no quieren hacerlo. La realidad es muy diferente porque los comuneros en general hacen todo lo posible para vivir mejor, repito, ′todo lo que es posible′. Los comuneros de Tambomachay utilizan al máximo sus capacidades y habilidades para poder construirse un mundo mejor para ellos mismos, para sus familias y para sus hijos. Y esto creo que es otra manera de definir la egocultura proactiva. Sin proactividad creo que los artesanos y los comuneros dejarían de reproducirse socialmente. Por desgracia lo que sucede es que los observadores externos a la comunidad perciben y estereotipan a los comuneros como seres que podrían hacer mejor las cosas pero que no lo hacen por dejadez. No se dan cuenta aquéllos que no han vivido dentro de una comunidad que existen habilidades que se necesitan aprender especialmente para realizar mejor ciertas actividades y que por la sencilla razón de que los derechos de educación de los comuneros no se respetan cabalmente, ellos no disponen de ciertas capacidades para poder vender mejor sus productos artesanales. A pesar de todas estas contrariedades los comuneros potencializan al máximo sus conocimientos para obtener mejores resultados.

Nosotros sabemos o deberíamos saber que la gente que no recibe educación y capacitación con el fin de aprender nuevas habilidades utilizables en su trabajo desconoce algunas técnicas de distribución, mercadeo, publicidad, organización, control, gestión y elaboración. Este básico principio rige igualmente para todos y cada uno de nosotros. Tristemente en el Perú prepondera la poltítica de exclusión y la política generalizada corrupta de favorecer a algunos pocos .

Hemos visto que los tres factores endógenos egoculturales proactivos individuales de los artesanos, responsabilidad, iniciativa y sobre todo decisión, son los elementos que ayudan a impulsar el desarrollo humano individual de alguna manera. Esto se puede visualizar en el siguiente diagrama.

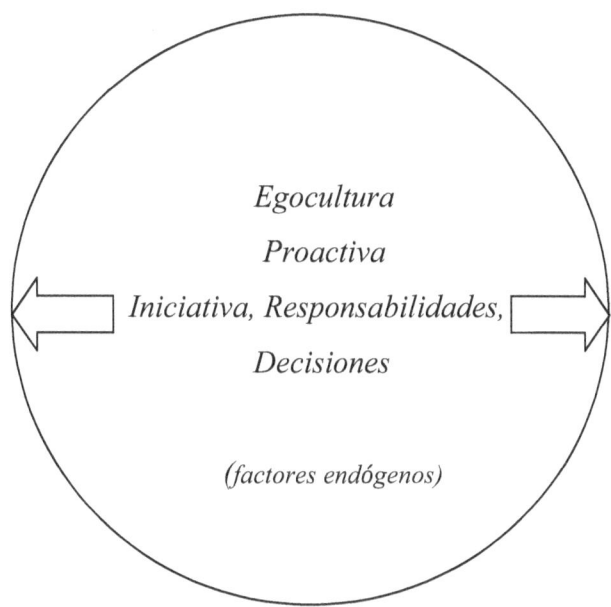

Egocultura
Proactiva
Iniciativa, Responsabilidades,
Decisiones

(factores endógenos)

Ampliación del Círculo del Desarrollo Humano Individual

Diagrama E: Los factores endógenos de la egocultura proactiva, iniciativa, responsabilidades y decisiones, amplían el círculo del desarrollo humano individual porque favorecen la elaboración y venta de artesanía, el ingreso económico, la autoestima, una mejor educación, más cuidado de la salud y una mejor alimentación principalmente. Como el mercado excluyente debido a falta de infraestructura dificulta satisfacer estas necesidades menguando el poder adquisitivo de los comuneros, urge una política social por parte del estado para ampliar las capacidades y habilidades por medio de mejores servicios de salud y educación preferentemente. La mejor manera de vivir de cualquier persona nos beneficia a todos porque el capital humano tiene un efecto multiplicador.

Por el contrario los factores exógenos a los comuneros con egocultura reactiva de Tambomachay, las condiciones sociales y medioambientales, restringen y dificultan la ampliación del desarrollo humano como se ve en el siguiente diagrama.

Condiciones Sociales y Medioambientales

(factores exógenos)

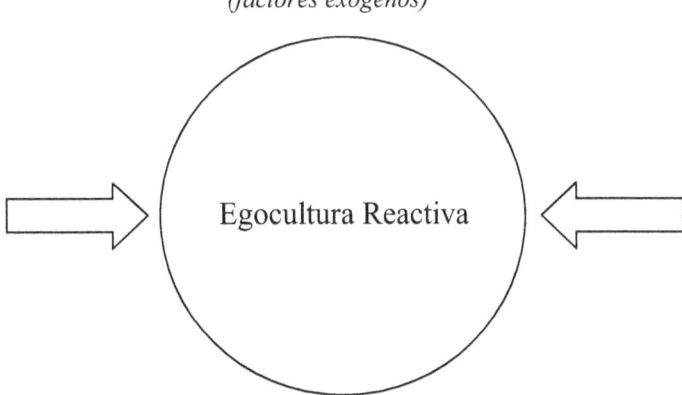

Reducción del Círculo del Desarrollo Humano Individual

Diagrama F: Al analizar con detenimiento los datos nos percatamos que en Tambomachay las condiciones medioambientales no condicionan tanto a los artesanos porque ellos trabajan bajo la lluvia, el frío y sobre el barro. Son las condiciones sociales que afectan a los artesanos con egoculturas reactivas que basan sus vidas erróneamente en dichas condiciones y que en el caso de los comuneros son muy adversas. Igualmente revisando los datos podemos identificar factores exógenos que parecen epifenómenos pero que influyen mucho negativamente en el bienestar de los comuneros artesanos reactivos de Tambomachay y en todos los comuneros en general. El Instituto Nacional de Cultura menosprecia a los comuneros y prefiere el bienestar del sitio arqueológico; el gobierno solamente se acuerda de la existencia de los comuneros en tiempo de elecciones; los comerciantes del Cusco naturalmente tratan de deshacerse de la competencia de los comuneros artesanos de Tambomachay; empleados del INC maltratan y obligan a los comuneros a 'esconderse' de los turistas porque 'malogran' el panorama paisajístico obstaculizando así la venta de artesanía de los comuneros; la Municipalidad del Cusco que no provee de los servicios mínimos; la envidia de los mismos comuneros y la intangibilidad del Parque Nacional de Saqsaywamán.

CONCLUSIONES DEL AUTOR

Los comuneros artesanos de Tambomachay con egoculturas proactivas basadas en responsabilidades, iniciativas y principalmente en decisones poseen mayores desarrollos humanos, mientras que los artesanos con egoculturas reactivas basadas en condiciones sociales sobretodo presentan menores desarrollos humanos. Esta realidad sociocultural es muy pronunciada y es de fácil comprobación en la comunidad de Tambomachay y seguramente en la gran mayoría de comunidades campesinas peruanas que comparten muchas características similares. Efectivamente, en Tambomachay es posible identificar sin problemas a los comuneros con mejores calidades de vida y relacionar este hecho con su manera de trabajar en la artesanía debido a que todos los comuneros gozan de las mismas condiciones de vida. La posesión de bienes y el goce de mejores comodidades y condiciones de vida de los comuneros ´proactivos´ es resaltante en comparación con los comuneros 'reactivos' quienes sufren de un mayor grado de pobreza. Siempre es posible encontrar comuneros ´ricos´ en los andes quienes son envidiados y señalados por sus vecinos. Por supuesto, esta diferenciación es relativa dentro de las comunidades porque sin lugar a dudas todas las comunidades campesinas del Perú permanecen en una pobreza absoluta creada y mantenida por los sucesivos gobiernos ineficaces e ineficientes.

La razón, no tan evidente al principio, de esta relativa superior calidad de vida de los comuneros proactivos es el gran esfuerzo y voluntad propios en circunstancias muy desfavorables. Es el resultado de una lucha personal dolorosa en contra de un entorno social adverso. En las comunidades campesinas del Perú cuyas fuentes primordiales de reproducción social son la agricultura principalmente, la extensión de la tierra es limitada, la calidad de los recursos son precarios y los servicios básicos del estado son mínimos. El bien comunal es muy restringido en todo sentido y a medida que la población aumenta, disminuye el bien en términos ´per cápita´. Además, el mercado maltrata a los bienes producidos por los comuneros con precios bajísimos y para empeorar las cosas, el gobierno central y la sociedad en general marginan y agreden constantemente a las comunidades campesinas de mil maneras debido a que los comuneros no son considerados ciudadanos con deberes y plenos derechos. Vivir pasivamente una vida condicionada por esta realidad social paralizante es 'reaccionar' ante lo que pobremente se tiene sin buscar mejores posibilidades que escapen de este 'aparente destino fatal'. El comunero que busca más allá para encontrar beneficios que le ayuden a vivir mejor, irónicamente debe buscar al interior de sí mismo la voluntad y el deseo imprescindibles debido a que las condiciones sociales en el campo son enemigas del desarrollo humano.

La mayoría de los artesanos de Tambomachay manifiesta una egocultura proactiva de nivel medio alto basada principalmente en la decisión. Su proactividad también se basa en menor intensidad en la iniciativa, y en último grado, en la responsabilidad. Esto se debe a la casi nula capacitación de los artesanos que por lo tanto hacen uso mayormente de sus determinaciones y de sus voluntades para poder mejorar sus vidas a través del negocio artesanal. En un mundo de carencias y privaciones, la voluntad es la gran aliada. La iniciativa es necesaria debido a la urgencia de poder vender los productos en un mercado competitivo y para lograr esto se debe tener creatividad e innovación. Por su parte la responsabilidad, es decir la habilidad para elegir la respuesta adecuada es menor en los comuneros como base de su proactividad porque falta capacitación y conocimientos técnicos y por lo tanto ellos desconocen el modo de solucionar problemas inusitados o no saben cómo desarrollar y expandir el negocio.

La minoría de artesanos revela una egocultura reactiva de nivel alto y generalmente estos comuneros sólo reaccionan ante condiciones sociales y no ante condiciones medioambientales. Que los comuneros artesanos reactivos sean sólo una minoría es un buen signo y la explicación es que los comuneros al haberse convertido en artesanos deben por necesidad ser mayormente proactivos. En el oficio del artesano para subsistir y avanzar es menester impulsarse con los recursos humanos propios. Si estos pocos artesanos reactivos tienen un alto grado de reactividad y por ende se dejan condicionar por el entorno social adverso tal vez se deba a que esas condiciones sociales negativas en una comunidad son también muy fuertes. Vemos que en su mayoría las reacciones son ante los factores sociales y no medioambientales puesto que el comunero está habituado a desempeñarse en un ambiente de lluvias, barro, frío y relámpagos. También podríamos decir que el comunero debería estar habituado ante las condiciones sociales adversas, pero la diferencia es que las personas y autoridades que rodean a los comuneros son seres pensantes, influyentes, poderosos, son amigos, son familiares y son enemigos. En la comunidad, un espacio pequeño con encuentros cotidianos, cercanos e involuntarios, lo social tiene una presencia vigorosa.

Las principales condiciones sociales desfavorables para los comuneros artesanos y en general para todos ellos son el

Instituto Nacional de Cultura, los comerciantes del Cusco, la intangibilidad del Parque Arqueológico de Saqsaywamán protegido por la Ley del Patrimonio N° 24047, la envidia de los otros comuneros de Tambomachay, los gobiernos, la Municipalidad del Cusco, los empleados del INC y la sociedad urbana en general. Por desgracia estas presencias sociales, políticas, económicas, psicológicas y culturales bastante poderosas, tanto endógenas como exógenas, producen obstrucciones en el crecimiento y prosperidad de los comuneros. En cuanto se refiere a la Ley del Patrimonio y al INC, es cierto que la ley debe ser respetada, pero también es cierto que la solución ante particulares problemas es responsabilidad de todos los grupos políticos involucrados.

Estoy plenamente convencido de que los comuneros artesanos de Tambomachay y todos los comuneros en general del Perú son gente proactiva muy trabajadora que desea mejorar sus calidades de vida. El estado peruano, los gobiernos y las autoridades políticas deberían trabajar eficazmente en la construcción de oportunidades y medios apropiados para potencialzar y facilitar este deseo de superación que está presente en los comuneros. Es loable y dignificante ver cómo los comuneros trabajan duramente en sus campos con el fin de sembrar sus granos para alimentar a sus familias. Es impresionante y admirable presenciar cómo los niños de las comunidades caminan horas para asistir a las escuelas a pesar de su desnutrición, a pesar de la hostilidad de la gente urbana y a pesar del frío y de la lluvia.

ANEXOS

GUÍA DE ENTREVISTA
e indicadores (todos)

A-1. Responsabilidades ante problemas en relación a la
elaboración de artesanía

A-2. Decisiones en la elaboración de artesanía

A-3. Iniciativas en la elaboración de artesanía

B-1. Responsabilidades ante problemas en relación a la venta de
artesanía

B-2. Decisiones en la venta de artesanía

B-3. Iniciativas en la venta de artesanía

C-1. Número de innovaciones en la elaboración artesanal
emprendidas por iniciativa propia durante un año

C-2. Número de cursos matriculados por propia iniciativa de
capacitación en elaboración artesanal durante la vida.

C-3. Nivel de calidad en la elaboración de artesanía por día.

C-4. Nivel de calidad de los insumos en la elaboración de artesanía por mes

C-5. Número de investigaciones de mercado para vender la artesanía elaborada por año

C-6. Número de experimentos en la elaboración para mejorar la calidad por año

C-7. Número de adquisiciones de publicaciones instructivas en elaboración de artesanía por año

C-8. Monto en soles de ahorros destinado a la reinversión y capitalización para la elaboración de artesanía en un mes

D-1.Número de innovaciones en la venta artesanal emprendidas por iniciativa propia durante un mes

D-2. Número de cursos matriculados por iniciativa propia de capacitación en venta de artesanía durante la vida

D-3. Nivel de calidad del servicio en la venta de artesanía por día

D-4. Número de investigaciones de mercado basadas en decisiones propias para vender artesanía por año

D-5. Número de experimentos en el servicio para mejorar la venta de artesanía por año

D-6. Número de adquisiciones de publicaciones instructivas para mejorar la venta de artesanía por año

D-7. Monto en soles de ahorros destinado a la reinversión y capitalización para la venta de artesanía en un mes.

E-1. Condiciones medioambientales que afectan la elaboración de artesanía

E-2. Condiciones sociales que afectan la elaboración de artesanía

F-1. Condiciones medioambientales que afectan la venta de artesanía

F-2. Condiciones sociales que afectan la venta de artesanía.

G-1. Número de condiciones medioambientales que afectan la elaboración de artesanía por trimestre

G-2. Número de condiciones sociales que afectan la elaboración de artesanía por año

G-3. Número de defectos conscientes en la elaboración de artesanía por día

G-4. Número de defectos conscientes de los insumos para la elaboración de artesanía por mes

H-1. Número de condiciones medioambientales que afectan la venta de artesanía por trimestre

H-2. Número de condiciones sociales que afectan la venta de artesanía por año

H-3. Número de defectos conscientes en el servicio de venta de artesanía por día

H-4. Número de defectos conscientes en la mercadería para la venta por mes

I-1. Productividad en la elaboración de artesanía en un mes

I-2. Ingreso semanal en la venta de artesanía elaborada

I-3. Grado de instrucción

I-4. Número de textos, diarios o revistas comprados en un año

I-5. Número de visitas a la posta médica por año

I-6. Número de visitas al hospital por año

I-7. Número de visitas al médico particular por año

I-8. Número de medicinas compradas por año

I-9. Nivel en la calidad de alimentos consumidos por día

I-10. Número de vestidos comprados por mes

I-11. Número de instrumentos de trabajo artesanal comprados por año

I-12. Número de insumos artesanales comprados por mes

I-13. Número de bienes comprados para la vivienda por año

I-14. Nivel de la calidad de los bienes para la vivienda comprados en un año

I-15. Tamaño de construcción de la vivienda

I-16. Nivel de calidad de la vivienda

I-17. Nivel de calidad del mobiliario de la vivienda

I-18. Número de asistencias a eventos culturales por año

I-19. Número de paseos por año

I-20. Número de asistencias a fiestas tradicionales por año

I-21. Número de celebraciones de eventos familiares: cumpleaños, bautizos, matrimonios, por año

I-22. Número de participaciones en cargos y padrinazgos desde que elabora artesanía

I-23. Número de participaciones en cargos políticos desde que elabora artesanía

I-24. Número de visitas a familiares efectuadas por año

I-25. Número de visitas recibidas por año

I-26. Número de participaciones en asociaciones o clubes desde que elabora artesanía

I-27. Número de oportunidades laborales desde que elabora artesanía

I-28. Número de opciones para elegir los bienes y servicios comprados por año

J-1. Productividad en la venta de artesanía en un mes

J-2. Ingreso semanal en la venta de artesanía

J-3. Grado de instrucción

J-4. Número de textos, diarios o revistas comprados en un año

J-5. Número de visitas a la posta médica por año

J-6. Número de visitas al hospital por año

J-7. Número de visitas a médico particular por año

J-8. Número de medicinas compradas por año

J-9. Nivel en la calidad de alimentos consumidos por día

J-10. Número de vestidos comprados por año

J-11. Número de instrumentos de trabajo artesanal comprados por año

J-12. Número de bienes comprados para la vivienda por año

J-13. Nivel de la calidad de los bienes para la vivienda comprados en un año

J-14. Tamaño de construcción de la vivienda

J-15. Nivel de calidad de la vivienda

J-16. Nivel de calidad del mobiliario de la vivienda

J-17. Número de asistencias a eventos culturales por año

J-18. Número de paseos por año

J-19. Número de asistencias a fiestas tradicionales por año

J-20. Número de celebraciones de evento familiares: cumpleaños, bautizos, matrimonios, por año

J-21. Número de participaciones en cargos y padrinazgos desde que vende artesanía

J-22. Número de participaciones en cargos políticos desde que vende artesanía

J-23. Número de visitas familiares efectuadas por año

J-24. Número de visitas recibidas por año

J-25. Número de participaciones en asociaciones o clubes desde que vende artesanía

J-26. Número de oportunidades laborales desde que vende artesanía

J-27. Número de opciones para elegir los bienes y servicios comprados por año

K-1. Productividad en la elaboración de artesanía en un mes

K-2. Ingreso semanal en la venta de artesanía elaborada

K-3. Productividad en la venta de artesanía en un mes

K-4. Ingreso semanal en la venta de artesanía no elaborada

K-5. Grado de instrucción

K-6. Número de textos, diarios o revistas comprados en un año

K-7. Número de visitas a la posta médica por año

K-8. Número de visitas al hospital por año

K-9. Número de visitas a médico particular por año

K-10. Número de medicinas compradas por año

K-11. Nivel en la calidad de alimentos consumidos por día

K-12. Número de vestidos comprados por mes

K-13. Número de instrumentos de trabajo artesanal comprados por año

K-14. Número de insumos artesanales comprados por mes

K-15. Número de bienes comprados para la vivienda por año

K-16. Nivel de la calidad de los bienes para la vivienda comprados en un año

K-17. Tamaño de construcción de la vivienda

K-18. Nivel de calidad de la vivienda

K-19. Nivel de calidad del mobiliario de la vivienda

K-20. Número de asistencias a eventos culturales por año

K-21. Número de paseos por año

K-22. Número de asistencias a fiestas tradicionales por año

K-23. Número de celebraciones de eventos familiares: cumpleaños, bautizos, matrimonios, por año

K-24. Número de participaciones en cargos y padrinazgos desde que elabora y vende artesanía

K-25. Número de participaciones en cargos políticos desde que elabora y vende artesanía

K-26. Número de visitas familiares efectuadas por año

K-27. Número de visitas recibidas por año

K-28. Número de participaciones en asociaciones o clubes desde que elabora y vende artesanía

K-29. Número de oportunidades laborales desde que elabora y vende artesanía

K-30. Número de opciones para elegir los bienes y servicios comprados por año

GUÍA DE OBSERVACIÓN

(e indicadores)

A-1. Responsabilidades ante problemas en relación a la elaboración de artesanía

A-2. Decisiones en la elaboración de artesanía

A-3. Iniciativas en la elaboración de artesanía

B-1. Responsabilidades ante problemas en relación a la venta de artesanía

B-2. Decisiones en la venta de artesanía

B-3. Iniciativas en la venta de artesanía

C-1. Número de innovaciones en la elaboración artesanal emprendidos por iniciativa propia durante un año

C-3. Nivel de calidad en la elaboración de artesanía por día

C-4. Nivel de calidad de los insumos en la elaboración de artesanía por mes

D-1. Número de innovaciones en la venta artesanal emprendidas por iniciativa propia durante un mes

D-3. Nivel de calidad del servicio en la venta de artesanía por día

D-5. Número de experimentos en el servicio para mejorar la venta de artesanía por año

E-1. Condiciones medioambientales que afectan la elaboración de artesanía

E-2. Condiciones sociales que afectan la elaboración de artesanía

F-1. Condiciones medioambientales que afectan la venta de artesanía

F-2. Condiciones sociales que afectan la venta de artesanía

G-1. Número de condiciones medioambientales que afectan la elaboración de artesanía por trimestre

G-2. Número de condiciones sociales que afectan la elaboración de artesanía por año

G-3. Número de defectos conscientes en la elaboración de artesanía por día

G-4. Número de defectos conscientes de los insumos para la elaboración de artesanía por mes

H-1. Número de condiciones medioambientales que afectan la venta de artesanía por trimestre

H-2. Número de condiciones sociales que afectan la venta de artesanía por año

H-3. Número de defectos conscientes en el servicio de venta de artesanía por día

H-4. Número de defectos conscientes en la mercadería para la venta por mes

I-1. Productividad en la elaboración de artesanía en un mes

I-9. Nivel en la calidad de alimentos consumidos por día

I-14. Nivel de la calidad de los bienes para la vivienda comprados en un año

I-15. Tamaño de construcción de la vivienda

I-16. Nivel de calidad de la vivienda

I-17. Nivel de calidad del mobiliario de la vivienda

J-1. Productividad en la venta de artesanía en un mes

J-9. Nivel en la calidad de alimentos consumidos por día

J-13. Nivel de la calidad de los bienes para la vivienda comprados en un año

J-14. Tamaño de construcción de la vivienda

J-15. Nivel de calidad de la vivienda

J-16. Nivel de calidad del mobiliario de la vivienda

K-1. Productividad en la elaboración de artesanía en un mes

K-3. Productividad en la venta de artesanía en un mes

K-11. Nivel en la calidad de alimentos consumidos por día

K-16. Nivel en la calidad de los bienes para la vivienda comprados en un año

K-17. Tamaño de construcción de la vivienda

K-18. Nivel de calidad de la vivienda

K-19. Nivel de calidad del mobiliario de la vivienda

CUESTIONARIO DE LA ENCUESTA

1. ¿Qué haces cuando tienes problemas para hacer artesanía?

2. ¿Qué haces cuando tienes problemas para vender artesanía?

3. ¿Cuántos cursos has hecho para vender artesanía?

   1. 0 2. 1 3. 2 4. 3
     5. 4 6. Más

4. ¿Cuántos cursos has hecho para hacer artesanía?

   1. 0 2. 1 3. 2 4. 3
     5. 4 6. Más

5. ¿En un año cuántos libros o revistas de elaboración de artesanía compras?

   1. 0 2. 1 3. 2 4. 3
     5. 4 6. Más

6. ¿Cuánto de lo que ganas dedicas al negocio de producción de artesanía (soles)?

    1. 0   2. 1 a 100   3. 101-200   4. 201-300
                     5. 301-400   6. Más

7. ¿En un año cuántos libros o revistas para vender artesanía compras?

    1. 0   2. 1   3. 2   4. 3
                     5. 4   6. Más

8. ¿Cuánto de lo que ganas dedicas al negocio de venta de artesanía (soles)?

    1. 0   2. 1 a 100   3. 101-200   4. 201-300
                     5. 301-400   6. Más

9. ¿Cuánto ganas en una semana en la venta de artesanía no elaborada?

    1. 0   2. 1 a 100   3. 101-200   4. 201-300
                     5. 301-400   6. Más

10. ¿Cuánto ganas en una semana en la venta de artesanía elaborada?

    1. 0   2. 1 a 100   3. 101-200   4. 201-300
                     5. 301-400   6. Más

11. ¿Hasta dónde has estudiado?

1. Sin escolarización alfabeto 2. Primaria incompleta 3. Primaria completa

4. Secundaria incompleta 5. Secundaria completa 6. Superior incompleta 7.Superior completa   8. Analfabeto

12. ¿Al año cuántas veces vas a la posta médica?

| 1. 0 | 2. 1 | 3. 2 | 4. 3 |
| 5. 4 | 6. Más | | |

13. ¿Cuántas veces vas al hospital en un año?

| 1. 0 | 2. 1 | 3. 2 | 4. 3 |
| 5. 4 | 6. Más | | |

14. ¿En un año cuántas veces vas al médico particular?

| 1. 0 | 2. 1 | 3. 2 | 4. 3 |
| 5. 4 | 6. Más | | |

15. ¿En un año cuántas medicinas compras?

| 1. 0 | 2. 1 | 3. 2 | 4. 3 |
| 5. 4 | 6. Más | | |

16. ¿Cuánta ropa compras en un mes?

    1. 0   2. 1   3. 2   4. 3
    5. 4   6. Más

17. ¿Cuántos instrumentos de trabajo compras en un mes?

    1. 0   2. 1   3. 2   4. 3
    5. 4   6. Más

18. ¿Cuánto material de trabajo compras en un mes?

    1. 0   2. 1   3. 2   4. 3
    5. 4   6. Más

19. ¿Al año cuántas cosas compras para tu casa?

    1. 0   2. 1   3. 2   4. 3
    5. 4   6. Más

20. ¿Al año cuántas veces vas a fiestas tradicionales?

    1. 0   2. 1   3. 2   4. 3
    5. 4   6. Más

21. ¿Cuántas veces en un año vas a reuniones, parrilladas, campeonatos?

    1. 0   2. 1   3. 2   4. 3
    5. 4   6. Más

22. ¿Cuántas veces vas de paseo al año?

    1. 0   2. 1   3. 2   4. 3
    5. 4   6. Más

23. ¿Desde que vendes artesanía y/o elaboras cuántas veces has participado en cargos o padrinazgos?

    1. 0   2. 1   3. 2   4. 3
    5. 4   6. Más

24. ¿Desde que vendes artesanía y/o elaboras cuántas veces has participado en cargos políticos?

    1. 0   2. 1   3. 2   4. 3
    5. 4   6. Más

25. ¿Cuántas veces te visitan tus familiares al año?

    1. 0   2. 1   3. 2   4. 3
    5. 4   6. Más

26. ¿Cuántas veces al año visitas a tus familiares?

   1. 0   2. 1   3. 2   4. 3
   5. 4   6. Más

27. ¿Cuántas veces te han ofrecido trabajo desde que vendes y/o elaboras artesanía?

   1. 0   2. 1   3. 2   4. 3
   5. 4   6. Más

Bibliografía

BARRET, Stanley R.

1996 *Anthropology. A Student Guide to Theory and Method (Antropología. Una guía de estudiante para la teoría y método).* Toronto: University of Toronto Press.

COVEY, Stephen

1989 *Los 7 hábitos de la gente altamente efectiva.*

México: Paidós Empresa 16.

GEERTZ, Clifford

1973 *La interpretación de las culturas.*

España: Gedisa editorial.

HARRIS, Marvin

1999 *Theories of Culture in Postmodern Times (Teorías de Cultura en tiempos postmodernos).*

Walnuk Creek: AltaMira Press.

PNUD. ONU

1990 *Informe de Desarrollo Humano 1990*

Página web: http://www.undp.org/hdro

UNESCO. ONU

1995 *Nuestra Diversidad Creativa. Informe de la Comisión Mundial de Cultura y Desarrollo.* París: UNESCO.

VILLASANTE, Marco

1993 *Diseño de un Proyecto de Investigación.* Cusco: Instituto de Investigación Universidad y Región, IUUR, Universidad Nacional de San Antonio Abad del Cusco, UNSAAC.

VILLASANTE, Marco

2001 *La metodología para el análisis de la información empírica.* Cusco: Instituto de Investigación Universidad y Región, IUUR, Universidad Nacional de San Antonio Abad del Cusco, UNSAAC.

INDICE ANALÍTICO

U

V

W

Y

PAINTING BY RICARDO L SABOGAL